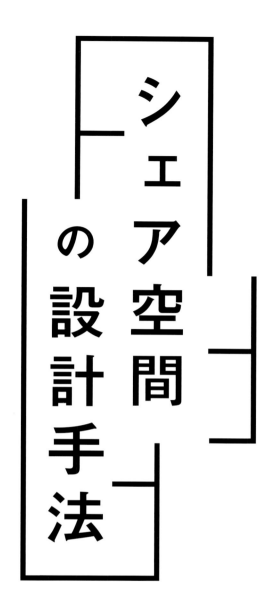

シェア空間の設計手法

責任編集
猪熊純・成瀬友梨
／成瀬・猪熊建築設計事務所

編
山道拓人・千葉元生・西川日満里・石榑督和／ツバメアーキテクツ
藤田大樹・山野辺賢治・中里和佳／野村不動産株式会社

学芸出版社

序　脱用途別分類、地域ごとの個性で見るシェアの場

　この本は、タイトルが示す通り、「シェア」という場の状況を設計側からとらえ、その手法をできる限りあぶり出そうとしたものである。

　これまで建築に近い分野では、三浦展の『これからの日本のために「シェア」の話をしよう』(2011)や、私たちが編著者メンバーである『シェアをデザインする』(2013)をはじめとして、シェアを社会現象として捉える書籍が先行していた。建築は社会がつくりだすものと考えれば、黎明期の出版物としては当然かもしれない。ただ、それから数年が経った今では、シェア的な場を成立させている空間は、現実のプロジェクトとして次々に生まれつつある。こうした状況を受け、本書ではより実践的な側面に焦点をしぼり、各々のプロジェクトにおける具体的な手法やアイディアをできる限り顕在知化する書籍をめざした。結果、多様なプログラムと事業スキームを支える優れた設計のあり方が見えてきた。

　具体的なプロジェクトを選定するにあたり最も大きな問題は、本書において「シェアとは何か」、あるいは「シェアがつくり出す価値は何か」ということだ。家族は家をシェアしているし、企業もオフィスをシェアしているし、公共も施設やインフラをシェアしている。極端に言ってしまえば何でもシェアになりかねない。ただこれら従来の事例に共通するのは、近代社会において、それまで自然と成り立っていたコミュニティに代わって戦後急激に発達し、単純化されたシェアだということだ。

　戦後の日本は、疲弊した国土を復興するために都市に産業を集積させ、環境の良い郊外に住居を開発し、それを放射状の鉄道網で結んだ。地縁や血縁を断ち切り、新しい環境で自分の意志で生活したいという国民の夢に応えたこの政策は、親類間の独立性が高まる核家族を生み出した。視点を変えれば、家族を最小単位にしたことは住宅の着工件数を最大化し、都心と郊外を鉄道でつなぐことは交通の利用機会を増やすという、私鉄やディベロッパーの投資が加速する仕組みとも言える。地域ぐるみで行われていた冠婚葬祭は衰退し、核家族の居場所は図書館やホールといった公共施設と、ショッピングモールのような民間施設に回収された。生産の場としての都市、消費の場としての郊外、それを支える施設とインフラという構造は、すべて成長を前提とした社会の部品のようなものであった。

　しかし今日、人口減少やグローバル化によって、国全体が成長し続けることを前提とした理想の型は崩れつつある。人口が増えない自治体は公共施設やインフラを維持する税収が不足し、景気や人材流動によって終身雇用を保障できなくなった企業は、コミュニティとしての側面が弱くなった。住宅は平均世帯人数3人を下回り、核家族が必ずしも基本型ではなくなりつつある。今私たちの社会は、最小単位である個人に還元されつつある。

　私たちの扱うのは、こうした社会の状況を解決したり、そこから新たな価値をつくり出すようなシェアである。地縁や血縁のようなコミュニティではなく、核家族や企業といった近代的な組織単位でもなく、個人に還元された社会に、新たに多様なつながりを生み出すためのシェアである。

　今回掲載した49事例は、一見すると住まいであったり、働く場所であったり、カフェであったり、宿泊施設であったり、図書館であったり、福祉施設であったり、何の一貫性もない。しかしこれらの建築は共通して、高度成長期に生まれたステレオタイプ的な施設イメージを刷新し、これまでになかった活動・関係・つながりを生みだしている。こうした成果はもちろん、日々クリエイティブに活動している運営者が欠かせないことも多い。しかしもう一つ忘れてはならないのが、これを可能にする設計だ。大きな配置・構成から平面・断面の計画、家具・仕上・照明の微妙なチューニングにより、

そこで可能になる活動の幅は全く変わってしまう。私たちが本書でクローズアップしたいのはこちらの側面だ。

なかでも全ての事例に共通する大きな要素の一つに、機能の複合・融合化が挙げられる。近代のビルディングタイプは基本的には一建物＝単一用途であった。オフィス＝働くところ、図書館＝本を読むところといった組み合わせである。それに対して今回の事例は、これまで出会うことのなかった人たちの接触機会を増やすために、複数の機能が重ね合わされている。家族でない人と同居できたり、カフェで子供の面倒を見てもらえたり、働く場所で様々な人々が交流できたりといった具合だ。私たちはこのことに注目し、分類をビルディングタイプ別にすることを避けた。代わりに大都市×都心、大都市×郊外、地方都市×都心、地方都市×郊外、超郊外・村落という地域による分類を行い、同じ分類のなかに様々な規模や用途の建築が混在する形式をとった。地域ごとの人口の量や密度、経済的な状況によって、成り立ちやすく相性のよいシェアの形にある程度類似性が見出せるのではないかという仮説からである。

実際に、大都市では民間を中心に様々な試みが成されており、公共のものはほとんどない。掲載に至らなかったが候補に上がった施設も、同様であった。経済的に余裕があり人材も豊富な大都市の特性が現れていると言える。一方で地方都市×都心は、公共施設の取り組みが先行しているように見える。本書は設計的な側面に注目しているため、地域をつなぐ役割を担っている素晴らしい施設を、あえて掲載しなかった事例もあるが、公共の担う役割は多いように思う。経済的な側面を考慮すると、今後は大きな公共施設は難しくなる側面もあるだろうが、PPPなどを利用して維持することが想像できる。予想以上に多様な事例が集まったのは超郊外・村落だ。道の駅・コミュニティカフェ・福祉施設・サテライトオフィス・別荘など、様々な用途のスペースが成立している。一見バラバラなこれらの用途にはしかし、都市部からの一時的な人口移動によって成立するものが多いことは興味深い。結果としてこのまとめ方は地域の特性をあぶり出し、新しく企画や設計を行う設計者が、表面的な主用途の違いを超えて、とりくむ地域ごとに参考事例を検索することを可能にした。

用途別分類を外した代わりに、各プロジェクトのページには、造語も含めた施設用途をオリジナルに記載すると共に、可能となっている活動をタグでわかりやすく表記した。どんなに小さな施設でも、一建物＝単一機能とは全く逆の、多用途の複合建築であることがよくわかる。このことは、計画的な観点から見れば、設計資料集成に代表されるような近代的な建築計画の刷新といえる。単一用途より複合用途、ゾーニングより混在と可変、部屋と廊下より居場所の連続。社会が大きく転換するタイミングには、建築もまた変わる必要がある。本書はこのことを設計図書をもって具体的に示したメッセージなのだ。

建築は大きな投資がなければ建てることはできず、建ってしまえばそう簡単には変えることはできない。時代の変化に対して、最もゆっくり反応することしかできない一方で、つくった空間は使われている限り影響し続ける。人口が減り、建築の着工件数は減る時代となったが、だからこそ、これから建てる建築は時代に即したものを大切につくる必要がある。そんな今だからこそ、この本が少しでも多くの設計者や学生、事業者に参照され、丁寧で豊かな場づくりが増えてゆくことを願っている。

2016年11月
猪熊純

目次

序　脱用途別分類、地域ごとの個性で見るシェアの場　　猪熊純　　2

INDEX　　6

1　大都市 × 都心　　18

01	KREI／co-lab 西麻布	コラボレーションシェアオフィス	長岡勉＋佐藤航／POINT＋コクヨ	18
02	FabCafe Tokyo	デジタルものづくりカフェ	成瀬・猪熊建築設計事務所＋古市淑乃建築設計事務所	20
03	3331 Arts Chiyoda	アートセンター	佐藤慎也＋メジロスタジオ（現リライト_D）	22
04	SHIBAURA HOUSE	企画型コミュニティスペース	妹島和世建築設計事務所	24
05	CASACO	地域開放型シェアハウス	tomito architecture	26
06	THE SHARE	シェア型複合施設	リビタ	28
07	co-ba shibuya	会員制シェアードワークプレイス	ツクルバ	30
08	HAGISO	最小文化複合施設	HAGI STUDIO	32
09	まちの保育園 小竹向原	地域連携型保育園	宇賀亮介建築設計事務所	34
10	SHARE yaraicho	DIYシェアハウス	篠原聡子＋内村綾乃／空間研究所＋A studio	36
11	kumagusuku	アートホステル	ドットアーキテクツ	38
12	食堂付きアパート	インキュベーション型賃貸住宅	仲建築設計スタジオ	40

Interview｜松本理寿輝／まちの保育園代表・ナチュラルスマイルジャパン株式会社代表取締役
──地域の居場所を併設し、まちぐるみの保育とまちづくりを実践する　　42

2　大都市 × 郊外　　44

13	ホシノタニ団地	こどもたちの駅前広場＋リノベーション賃貸住宅	ブルースタジオ	44
14	ヨコハマアパートメント	広場付き木造賃貸アパート	西田司＋中川エリカ／オンデザイン	46
15	高島平の寄合所／居酒屋	タイムシェア型店舗	ツバメアーキテクツ	48
16	The University DINING	大学コミュニケーションカフェ	工藤和美＋堀場弘／シーラカンスK&H	50
17	武蔵野プレイス	複合型文化交流施設	kw+hg アーキテクツ	52
18	LT 城西	シェアハウス	成瀬・猪熊建築設計事務所	54
19	柏の葉オープンイノベーション・ラボ（31 VENTURES KOIL）	イノベーションセンター	成瀬・猪熊建築設計事務所	56
20	中央線高架下プロジェクト	地域連携型商業施設	リライト_D	58

Interview｜籾山真人／中央線高架下プロジェクト運営者・株式会社リライト代表取締役
──プロジェクトの前提から関われる体制をつくり、新しい地域の場を生み出す　　60

3　地方都市 × 都心　　62

21	えんぱーく	複合型文化交流施設	柳澤潤／コンテンポラリーズ	62
22	アオーレ長岡	広場付き複合型市庁舎	隈研吾建築都市設計事務所	64
23	太田市美術館・図書館	複合型文化交流施設	平田晃久建築設計事務所	66
24	せんだいメディアテーク	複合型文化交流施設	伊東豊雄建築設計事務所	68
25	タンガテーブル	ホステル＋ダイニングレストラン	SPEAC	70
26	アーツ前橋	まちなか美術館	水谷俊博＋水谷玲子／水谷俊博建築設計事務所	72

4　地方都市 × 郊外　　74

27	Dragon Court Village	アネックス付き賃貸住宅	Eureka	74
28	地域ケアよしかわ	コミュニティスペース付き訪問介護事業所	金野千恵／KONNO	76
29	Share 金沢	複合型福祉タウン	五井建築研究所	78
30	HELLO GARDEN	企画型オープンスペース	(un)ARCHITECTS	80
31	Good Job ! Center KASHIBA	障害者インキュベーションアトリエ	大西麻貴+百田有希／o+h	82
32	岩沼みんなの家	企業協力型コミュニティスペース	伊東豊雄建築設計事務所	84
33	高岡のゲストハウス	ゲストハウス併用住宅	能作文徳+能作淳平／能作アーキテクツ	86
34	コクリエ	地域貢献型シェアハウス	井坂幸恵／bews	88
35	サトヤマヴィレッジ	サトヤマ付き住宅団地	都市デザインシステム+エス・コンセプト	90
36	武雄市図書館	官民複合型地域図書館	カルチュア・コンビニエンス・クラブ（CCC） +スタジオアキリ+佐藤総合計画	92

Interview｜森下静香／社会福祉法人わたぼうしの会 Good Job! センター香芝センター長
──誰もが社会と関わり協働できる、ネットワーク拠点をつくる　　94

5　超郊外・村落　　96

37	鋸南町都市交流施設 ・道の駅保田小学校	廃校改修の道の駅	N.A.S.A 設計共同体	96
38	馬木キャンプ	町のコミュニティスペース	ドットアーキテクツ	98
39	古志古民家塾	体験型宿泊施設	江角アトリエ	100
40	隠岐國学習センター	地域連携型教育拠点	西田司+萬玉直子+後藤典子／オンデザイン	102
41	多古新町ハウス	寺子屋付き総合デイケアセンター	アトリエ・ワン	104
42	りくカフェ	コミュニティカフェ	成瀬・猪熊建築設計事務所	106
43	島キッチン	コミュニティレストラン	安部良／ARCHITECTS ATELIER RYO ABE	108
44	えんがわオフィス	地域開放型テレワークオフィス	伊藤暁+須磨一清+坂東幸輔	110
45	KASHIMA SURF VILLA	シェア別荘	千葉学建築計画事務所	112
46	もやいの家瑞穂	グループホーム+デイサービスセンター	大建 met	114
47	波板地域交流センター	小規模多機能コミュニティスペース	雄勝スタジオ／日本大学	116

6　移動式　　118

48	マイパブリック屋台	移動式パブリックスペース	ツバメアーキテクツ	118
49	ホワイトリムジン屋台	移動式パブリックスペース	筑波大学貝島研究室+アトリエ・ワン	120

設計者プロフィール　　122
あとがき　　成瀬友梨　　126

INDEX

1／大都市 × 都心

大都市の都心部は経済の中心であるが故に、そこでの生活と働くことは切っても切れない関係にあります。逆に言えば、働くことは都心部において他者とのつながりを最も生み出しやすい活動の一つと言えるかもしれません。ここでは、働く場所にカフェやイベントスペースが併設されていたり、個人の本や作品が展示できたりと、働く場所が開かれて多様な活動が展開している事例や、共同住宅などの住む場所に共用のオフィスや作業場が設けられている事例など、働く空間が拡張したシェアの形が多く見られました。そこからは、立体的な空間構成による空間の分節や、可動家具によって空間を可変的に扱うものなど、限られた面積の中で用途の複合を成立させるための工夫が読み取れます。都心で働き、郊外で住むというかつての構図は崩れ、住むことや働くこと、趣味を楽しむことなど、人々の生活をよりシームレスに繋げるようなシェアの空間が立ち現れてきています。（千葉元生）

01　コラボレーションシェアオフィス
KREI／co-lab西麻布
設計　長岡勉＋佐藤航／POINT＋コクヨ
所在地　東京都港区西麻布2-24-2 KREIビル

02　デジタルものつくりカフェ
FabCafe Tokyo
設計　成瀬・猪熊建築設計事務所＋古市淑乃建築設計事務所
所在地　東京都渋谷区道玄坂1-22-7 道玄坂ピア1F

03　アートセンター
3331 Arts Chiyoda
設計　佐藤慎也＋メジロスタジオ（現リライト_D）
所在地　東京都千代田区外神田6-11-14

04　企画型コミュニティスペース
SHIBAURA HOUSE
設計　妹島和世建築設計事務所
所在地　東京都港区芝浦3-15-4

05	地域開放型シェアハウス
CASACO	
設計	tomito architecture
所在地	神奈川県横浜市西区東ヶ丘23-1

06	シェア型複合施設
THE SHARE	
設計	リビタ
所在地	東京都渋谷区神宮前3-25-18

07	会員制シェアードワークプレイス
co-ba shibuya	
設計	ツクルバ
所在地	東京都渋谷区渋谷3-26-16 第五叶ビル5F・6F

08	最小文化複合施設
HAGISO	
設計	HAGI STUDIO
所在地	東京都台東区谷中3-10-25

09	地域連携型保育園
まちの保育園 小竹向原	
設計	宇賀亮介建築設計事務所
所在地	東京都練馬区小竹町2-40-5

10	DIYシェアハウス
SHARE yaraicho	
設計	篠原聡子＋内村綾乃／空間研究所＋A studio
所在地	東京都新宿区矢来町

11	アートホステル
kumagusuku	
設計	ドットアーキテクツ
所在地	京都府京都市中京区壬生馬場町37-3

12	インキュベーション型賃貸住宅
食堂付きアパート	
設計	仲建築設計スタジオ
所在地	東京都目黒区目黒本町5-14-14

2／大都市 × 郊外

大都市郊外の事例を見てみると、団地や共同住宅に地域の人が入り込める場所を計画しているものや、商業空間の中に公共的な広場をつくりだしているものなど、世代や職種といった性質の異なる人どうしを積極的に結びつける空間をつくりだしている試みが浮かび上がってきました。人口減少や高齢化が進む中、都心と比べてコミュニティの偏りが顕著な郊外においては、こうした性質の異なる人どうしが出会うきっかけをつくり、新しいつながりを生み出すことのできる空間が求められているようです。そこからは、目的を持たなくても人が訪れやすいような境界の設計や、他者と適度な距離感で共存できるような隣接性の設計、郊外ならではの密度を生かした余白の設計など、公共性を担保する空間的な試みを各事例から読み取ることができます。多様な主体を想定するからこそ、そこでの人々の活動を枠付ける建築の在り方が問われてきています。（千葉元生）

13	こどもたちの駅前広場＋リノベーション賃貸住宅
ホシノタニ団地	
設計	ブルースタジオ
所在地	神奈川県座間市入谷5-1691-2

14	広場付き木造賃貸アパート
ヨコハマアパートメント	
設計	西田司＋中川エリカ／オンデザイン
所在地	神奈川県横浜市西区西戸部2-234

15	タイムシェア型店舗
	高島平の寄合所／居酒屋
設　計	ツバメアーキテクツ
所在地	東京都板橋区高島平8-4-8 サンハイム高島1F

16	大学コミュニケーションカフェ
	The University DINING
設　計	工藤和美＋堀場弘／シーラカンスK&H
所在地	千葉県市川市国府台1-3-1 千葉商科大学

17	複合型文化交流施設
	武蔵野プレイス
設　計	kw+hg アーキテクツ
所在地	東京都武蔵野市境南町2-3-18

18	シェアハウス
	LT 城西
設　計	成瀬・猪熊建築設計事務所
所在地	愛知県名古屋市西区城西3

19	イノベーションセンター
	柏の葉オープンイノベーション・ラボ（31 VENTURES KOIL）
設　計	成瀬・猪熊建築設計事務所
所在地	千葉県柏市若柴178-4 柏の葉キャンパス148 街区2ゲートスクエアショップ＆オフィス棟6F

20	地域連携型商業施設
	中央線高架下プロジェクト
設　計	リライト_D
所在地	東京都小金井市梶野町5

3 / 地方都市 × 都心

地方都市では中心部でも郊外でも、地域の衰退というコンテクストを抱えています。空洞化した地方都市の中心市街地で、人々が集まる拠点をつくることは地方自治体の最も重要な仕事の一つと言えるでしょう。戦後につくられた公共建築が更新の時期を迎え、個別につくられていた庁舎、図書館、ホール、美術館などを統合し、複合化した公共建築として建て替えられる例が全国で見られます。そうしたなかで浮かび上がってきたのは、明解な空間構成や構法のなかに多様な人々の居場所をつくりながら、まちに開かれた公共施設です。こうした建物は、単一の目的のために訪れる施設ではなく、目的がなくても訪れたくなる空間とプログラムの複合を企図しています。また、中心市街地では新築される公共建築ばかりでなく、空洞化してしまった建物を改修し、新たに商業的なプログラムを挿入することで、地域の価値を再発見する試みも行われています。
（石榑督和）

21 複合型文化交流施設
えんぱーく
設計	柳澤潤／コンテンポラリーズ
所在地	長野県塩尻市大門一番町12-2

22 広場付き複合型市庁舎
アオーレ長岡
設計	隈研吾建築都市設計事務所
所在地	新潟県長岡市大手通1-4-10

23 複合型文化交流施設
太田市美術館・図書館
設計	平田晃久建築設計事務所
所在地	群馬県太田市東本町16-30

24 複合型文化交流施設
せんだいメディアテーク
設計	伊東豊雄建築設計事務所
所在地	宮城県仙台市青葉区春日町2-1

25	ホステル+ダイニングレストラン
タンガテーブル	
設計	SPEAC
所在地	福岡県北九州市小倉北区馬借1-5-25 ホラヤビル4F

26	まちなか美術館
アーツ前橋	
設計	水谷俊博＋水谷玲子／水谷俊博建築設計事務所
所在地	群馬県前橋市千代田町5-1-16

4 / 地方都市 × 郊外

地方都市の郊外の事例を見ていくと、革新的なシェア居住の実験と言えるような試みと、衰退した居住地で人と人の関係性を新たにつくりだそうとする試みが浮かび上がってきました。前者では、集まって住む人々が時間と場所をシェアできる多様な共用部が設けられています。興味深いのは、そうした共用部での活動に、小さな経済活動が含まれていることです。これは、これまで住まうことに特化してきた集合住宅のなかに、社会をつくろうという試みです。地価が安い地方都市の郊外でこそ、各住戸の占有面積を減らしながらも、共用部で挑戦的な試みをするこうした事例が生まれています。後者では、高齢化が進んだ団地のなかで介護の拠点となり、地域の人々が集まることもできる場をつくった事例や、塩害を受けた農地を再興するために地域の人が集まり、農業とITをつなぐ場をつくった事例が見えてきました。衰退した地域において、人と人の関係性を空間の問題としていかに考えるかが問われています。（石榑督和）

27	アネックス付き賃貸住宅
Dragon Court Village	
設計	Eureka
所在地	愛知県岡崎市

28	コミュニティスペース付き訪問介護事業所
地域ケア よしかわ	
設計	金野千恵／KONNO
所在地	埼玉県吉川市吉川団地1街区7号棟107

29	複合型福祉タウン
Share金沢	
設計	五井建築研究所
所在地	石川県金沢市若松町セ104－1

30	企画型オープンスペース
HELLO GARDEN	
設計	(un)ARCHITECTS
所在地	千葉県千葉市稲毛区緑町1-18-8

31	障害者インキュベーションアトリエ
Good Job ! Center KASHIBA	
設計	大西麻貴＋百田有希／o+h
所在地	奈良県香芝市下田西2-8-1

32	企業協力型コミュニティスペース
岩沼みんなの家	
設計	伊東豊雄建築設計事務所
所在地	宮城県岩沼市押分南谷地238 恵み野墓苑

33	ゲストハウス併用住宅
高岡のゲストハウス	
設計	能作文徳＋能作淳平／能作アーキテクツ
所在地	富山県高岡市

34	地域貢献型シェアハウス
コクリエ	
設計	井坂幸恵／bews
所在地	茨城県日立市大みか町3-1-12

35	サトヤマ付き住宅団地
サトヤマヴィレッジ	
設計	都市デザインシステム＋エス・コンセプト
所在地	福岡県北九州市

36	官民複合型地域図書館
武雄市図書館	
設計	カルチュア・コンビニエンス・クラブ（CCC）＋スタジオアキリ＋佐藤総合計画
所在地	佐賀県武雄市武雄町大字武雄5304-1

5 / 超郊外・村落

地域コミュニティの価値、大都市との関係の中で生まれる価値、この2点をどう組み上げるかが超郊外や村落におけるプロジェクトの重要なポイントです。新しい仕組みやプログラムからのアプローチというよりも、島、海、山といった昔からある地域資源を活用しながら、ヒト、モノ、コトが集まる場所をつくり出そうとしている事例が多く見られました。その場所へ辿り着きにくいことや、大都市とは異なる特別な時間を過ごせることがプログラムに投影されており、「合宿的」とも言えるシェア空間が生み出されています。また、建物のつくり方としては、民家や小屋など超郊外や村落の風景に元々ある「型」をよりどころにしているものが多いと言えます。大都市や地方都市より敷地が圧倒的に広いことから、庭と連続していくような配置の仕方やダイナミックな屋根の掛け方が可能になり、開放的なシェア空間が生み出されていると言えます。（山道拓人）

37	廃校改修の道の駅
鋸南町都市交流施設・道の駅保田小学校	
設計	N.A.S.A 設計共同体
所在地	千葉県安房郡鋸南町保田724

38	町のコミュニティスペース
馬木キャンプ	
設計	ドットアーキテクツ
所在地	香川県小豆郡小豆島町馬木甲967

39	体験型宿泊施設
\<td colspan=2\> **古志古民家塾**
設　計	江角アトリエ
所在地	島根県出雲市古志町2571

40	地域連携型教育拠点
\<td colspan=2\> **隠岐國学習センター**
設　計	西田司＋萬玉直子＋後藤典子／オンデザイン
所在地	島根県隠岐郡海士町

41	寺子屋付き総合デイケアセンター
\<td colspan=2\> **多古新町ハウス**
設　計	アトリエ・ワン
所在地	千葉県香取郡多古町多古2686-1

42	コミュニティカフェ
\<td colspan=2\> **りくカフェ**
設　計	成瀬・猪熊建築設計事務所
所在地	岩手県陸前高田市高田町鳴石22-9

43	コミュニティレストラン
\<td colspan=2\> **島キッチン**
設　計	安部良／ARCHITECTS ATELIER RYO ABE
所在地	香川県小豆郡土庄町豊島唐櫃

44	地域開放型テレワークオフィス
\<td colspan=2\> **えんがわオフィス**
設　計	伊藤暁＋須磨一清＋坂東幸輔
所在地	徳島県名西郡神山町神領字北88-4

45	シェア別荘

KASHIMA SURF VILLA

設　計	千葉学建築計画事務所
所在地	茨城県鹿嶋市

46	グループホーム＋デイサービスセンター

もやいの家瑞穂

設　計	大建met
所在地	岐阜県瑞穂市本田2050-1

47	小規模多機能コミュニティスペース

波板地域交流センター

設　計	雄勝スタジオ／日本大学
所在地	宮城県石巻市雄勝町分浜波板140-1

6／移動式

どこにでもシェア空間を展開できるような移動式のプロジェクトを取り上げます。事例は共に、「屋台」というある種の「型」を参照し設計されています。誰もが知っている屋台が、特徴的な形に変形されることで、アイキャッチとなったり、様々な使い方や振る舞いを喚起したりします。例えば、リムジンのようにスケールを極端に大きくすることでたくさんの人が並んで使えるようになったり、マトリョーシカのようにコンパクトにまとまることで女性一人でもフレキシブルに運営できたりと、それぞれ特徴的な使い方がなされています。突然出現することで、まちなかに一時的に人が集まる領域をつくり出し、一日の終わりにはその場を去る。祝祭的なシェア空間を生み出す方法とも言えます。（山道拓人）

48	移動式パブリックスペース
マイパブリック屋台	
設計	ツバメアーキテクツ
所在地	–

49	移動式パブリックスペース
ホワイトリムジン屋台	
設計	筑波大学貝島研究室＋アトリエ・ワン
所在地	–

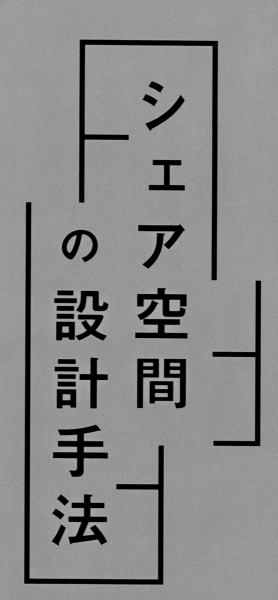

01 コラボレーションシェアオフィス

KREI／co-lab西麻布

長岡勉＋佐藤航／POINT＋コクヨ

主な用途	食べる 飲む	育てる (植物)	催す	相談 する
寝る	学ぶ	遊ぶ	買う 売る	展示 する
くつろぐ	働く	運動 する	借す 借りる	治療 する
読む	つくる	見守る	あげる もらう	泊まる

〔KEYWORD〕

・企業と独立クリエーターの空間共有
・フレキシブルなキャンピングボックス
・大きなディスプレイウォール

KREI／co-lab西麻布は、ファニチャー・ステーショナリーの総合メーカー「KOKUYO」と様々な分野のクリエイターの集合体「co-lab」が、「オープンソース」という働き方を実験するクリエイティブスタジオとして設立した。「KREI」ではコクヨのインハウスクリエイターとco-lab所属のインディペンデントクリエイターが同居し、それぞれ独自の活動を行なうと同時に、お互いの敷居を低くして知の交流や共同プロジェクトを推進し、相互に関わりあうことでそれぞれのアウトプットの質を高めることをめざしている。
「KREI」とはエスペラント語で創造を意味する。この場で行なわれる活動を通し、既存の組織や枠組みにとらわれない新しい世界標準となる働き方やデザインを生み出してゆきたいという想いを込めた。

〔DATA〕

所在地	東京都港区西麻布2-24-2 KREIビル
竣工	2010年
設計	長岡勉＋佐藤航／POINT＋コクヨ
建主	KOKUYO
企画	KOKUYO／春蒔プロジェクト(co-lab)
運営	春蒔プロジェクト(co-lab)
施工	モフ
確認申請上の用途	事務所
敷地面積	195㎡
建築面積	417㎡
延床面積	396㎡
専有部	93.7㎡(一戸当たり13.39㎡)
共用部	90.57㎡
構造・工法	鉄筋コンクリート造
階数	地上2階、地下1階
用途地域	住居地域

地下1階平面図　1/400

2階平面図　1/400

1階平面図　1/400

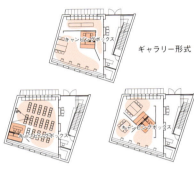

〈1階の変化する空間構成〉

ギャラリー形式
セミナー形式
間仕切形式

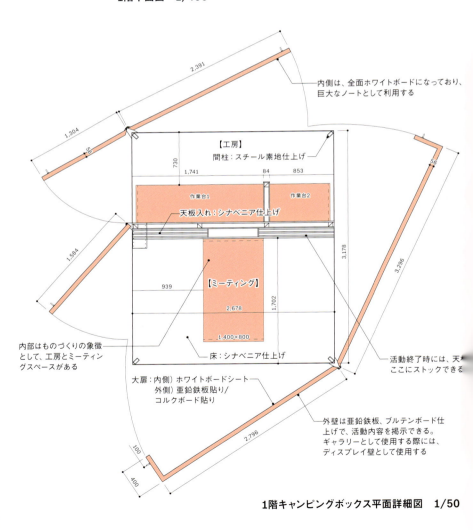

1階キャンピングボックス平面詳細図　1/50

〈キャンピングボックスがつくる多様な空間構成〉

1階はイベントやギャラリー、ワークスペースと多様な使い方ができるように、フレキシブルな空間とした。ある用途に特化した空間を作り込むのではなく、可変な大きなキャンピングボックスを用いてクリエイティブに空間を変化させて使っていくことを目指した。

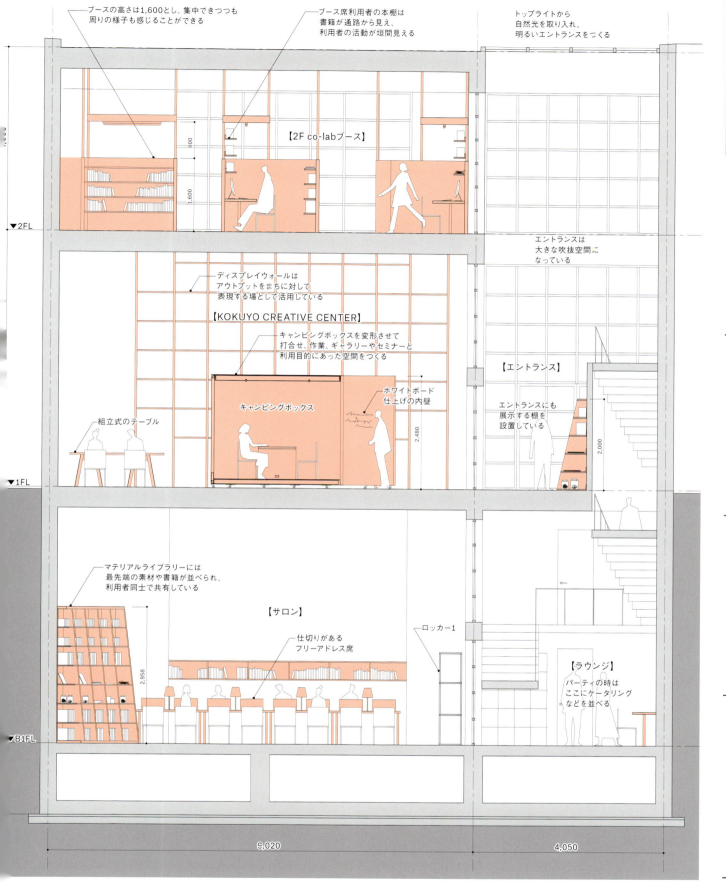

A-A'断面図　1/80

〈既存躯体の断面構成を活かしたクリエイティブスペース〉

元アパレルメーカーのオフィスだった既存建物の天井高さを活かした計画としている。一般的なオフィスビルにはない天井高さで、テナントとしては使いにくいが、コワーキングやイベントスペース、スタジオなどの新しいプログラムを用いて転用し、新規性のあるワークスペースを設計した。

地下1階は、ミーティングスペース、ラウンジ、コワーキングスペース、ライブラリーを備え、パーティや講演会などのイベントも行っている。地下1階のマテリアルライブラリーには、最先端の素材や書籍が並んでおり、利用者同士で共有できる。1階は、オフィス、スタジオ、セミナー、展示などの多様な活動が行えるスペースに転用している。1階のディスプレイウォールでは、KREIで生まれたものづくりのアウトプットをまちに対して表現できる。2階は、独立したクリエーター達のコワーキングスペースで、ブースの高さを1,600とし、上部に十分な空間をつくることで、集中して作業はできつつも、緩やかに一体感をつくっている。ブース席上部の本棚は通路から見えるため、ブース席利用者の活用している書籍が垣間見える。各階の様々な共有が、コンセプトである「オープンソース」な働き方を助長する。

02 デジタルものづくりカフェ

FabCafe Tokyo

成瀬・猪熊建築設計事務所
+古市淑乃建築設計事務所

主な用途	食べる飲む	育てる(植物)	催す	相談する
寝る	学ぶ	遊ぶ	買う売る	展示する
くつろぐ	働く	運動する	借す借りる	治療する
読む	つくる	見守る	あげるもらう	泊まる

〔KEYWORD〕

・テナント形状を活かした扇形プラン
・脱ゾーニングとプログラムの融合
・利用方法の可変性

レーザーカッターなどの工作機械を備え、ものづくりを皆で楽しむことをコンセプトにしたカフェ。街区の角地にある建物形状を活かし、カウンターと客席を、レーザーカッターを中心に扇形に配置。工房とカフェの2つの機能を一体感のある構成のなかにまとめた。展示スペースやFabスペースをカフェの中に散らすことで、カフェユーザーの中にFab待ちの人が混在していたり、レーザーカッターの前で知らない人同士が盛り上がったり、全体をワークショップやパーティーに利用したり、時間や企画によってダイナミックに内部の雰囲気が変化する。
2015年に増床し、キッチンが新設され、提供されるサービスやイベントの幅が広がった。

〔DATA〕

所在地	東京都渋谷区道玄坂1-22-7 道玄坂ピア1F
竣工	2012年(第1期), 2015年(第2期)
設計	成瀬・猪熊建築設計事務所 古市淑乃建築設計事務所(第2期共同設計)
建主	ロフトワーク
企画	ロフトワーク
運営	ロフトワーク
施工	月造(第1期), アルファースタジオ(第2期)
確認申請上の用途	飲食店
敷地面積	309.31㎡
建築面積	266.84㎡
計画面積	175.40㎡
構造・工法	鉄骨鉄筋コンクリート造
用途地域	商業地域

手前をカフェとして利用しつつも、奥のモニター前ではイベントを行っている

【一部イベント利用時】平面図　1/200

全体を貸し切ってイベントを行っている

【全体イベント利用時】平面図　1/200

〈利用方法の可変性〉
利用方法によってFabとカフェの領域が有機的に変化する。普段はカフェ利用とFab利用が入り交じるが、イベント時は、半分イベントに利用したり、全体を貸し切ってイベントを行うこともある。全体が見通しやすい扇形平面形状によって、オペレーションが容易な空間となっている。

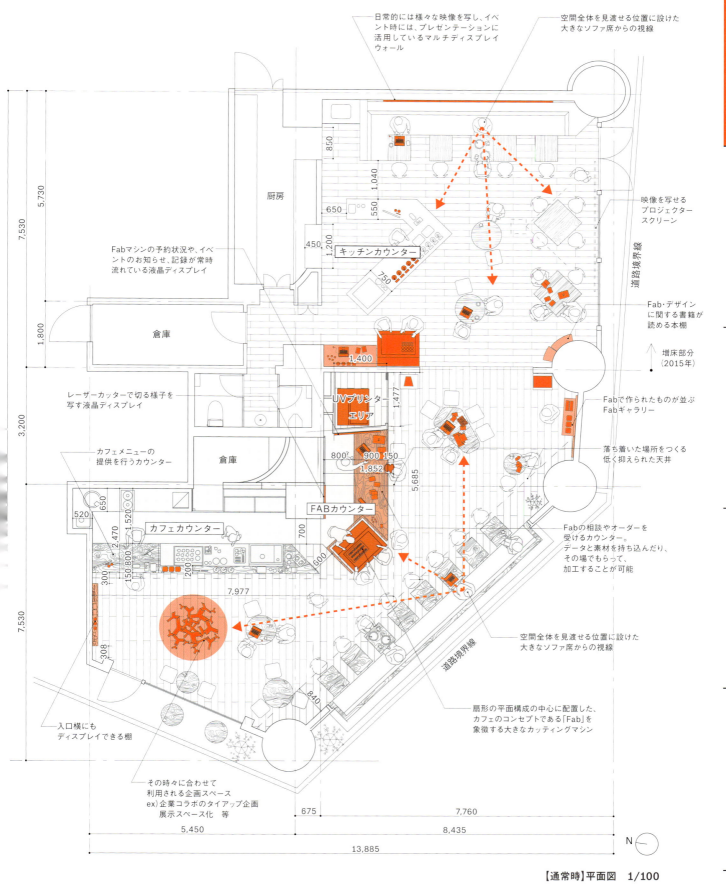

【通常時】平面図　1/100

〈扇形平面を活かした平面計画〉
扇形の平面形状を活かし、家具だけではなく、天井の高さも扇形に変化させている。天井の低いところは落ち着いた場所、天井の高いところはアクティブな場所となるように設計している。

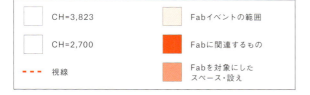

03 アートセンター

3331 Arts Chiyoda

佐藤慎也＋メジロスタジオ（現リライト_D）

主な用途	食べる 飲む	育てる（植物）	催す	相談する
寝る	学ぶ	学ぶ	買う売る	展示する
くつろぐ	働く	運動する	借す借りる	治療する
読む	つくる	見守る	あげるもらう	泊まる

〔KEYWORD〕

・隣地をつなげ建物の向きを変える
・既存建物に宿る"学校らしさ"
・使われ方に応じた改修方法の選択

少子化のあおりを受け閉校となってしまった都心の中学校の校舎を、ギャラリー、オフィス、カフェなどで構成されるアートセンターへと再生した事例である。運営内容に適した改修計画を実現するために、プロジェクトはPPP方式により進められた。区が管理する隣地の公園を既存校舎（公民連携）と接続させ、地域に開かれた広場を再整備した。広場と連続する1階に主な展示室群をまとめて配し、ギャラリーとしての機能を担保させている。ホワイトキューブという漂白された空間と、'閉校'という時間の堆積した空間とが同居する、用途が更新されたことをダイレクトに感じられるような空間の質の獲得を目指した。既存建物の妻側にあったエントランスを平側に移し拡張させ、動線計画を一新している。建築をどう地域に開放するかという問題を、単に用途の問題として処理するのではなく、建築計画的な問題として応答している。

〔DATA〕

所在地	東京都千代田区外神田6-11-14
竣工	2010年
設計	佐藤慎也＋メジロスタジオ（現リライト_D）
建主	コマンドA、中村政人、千代田区
企画	コマンドA、中村政人、清水義次
運営	コマンドA
施工	斎藤工業
確認申請上の用途	その他（各種学校を準用）
敷地面積	3495.58㎡
建築面積	2,086.48㎡
延床面積	7,239.91㎡
構造・工法	鉄筋コンクリート造
階数	地上3階地下1階
用途地域	商業地域

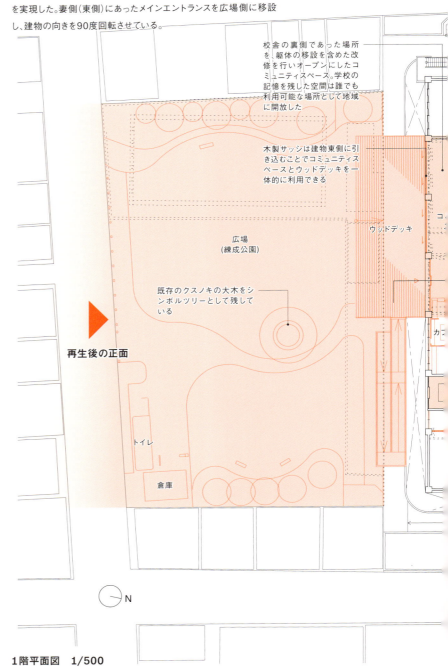

〈隣地をつなげ建物の向きを変える〉

隣地は区が管理する公園であるが、既存校舎との連携が一切ない断絶した状態であった。今回の計画に際して公園が再整備されることになったため、障壁となっていた樹木や塀、プールの撤去などを行い、大きなウッドデッキで連続させることで一体利用できる開放的な広場を実現した。妻側（東側）にあったメインエントランスを広場側に移設し、建物の向きを90度回転させている。

1階平面図　1/500

〈既存"らしさ"の実装〉

隣接する広場によって、校庭のなかった既存の校舎は、空地と建物が対をなす"学校"というビルディングタイプが持つ典型的なイメージへと寄り添うこととなった。学校以外の用途に変更しつつも、既存建物よりむしろ学校らしい形式を実装させることで、地域の中でより一層愛着のわく、愛される施設となることを意図している。

断面図　1/500

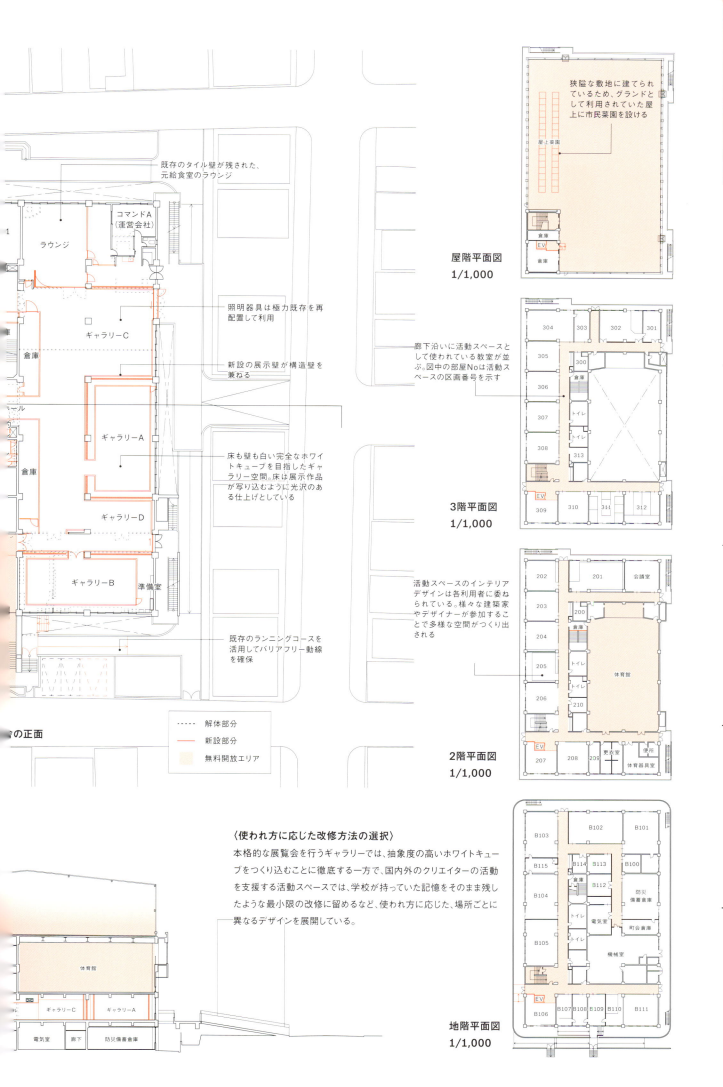

〈使われ方に応じた改修方法の選択〉

本格的な展覧会を行うギャラリーでは、抽象度の高いホワイトキューブをつくり込むことに徹底する一方で、国内外のクリエイターの活動を支援する活動スペースでは、学校が持っていた記憶をそのまま残したような最小限の改修に留めるなど、使われ方に応じた、場所ごとに異なるデザインを展開している。

04 企画型コミュニティスペース

SHIBAURA HOUSE

妹島和世建築設計事務所

主な用途	食べる 飲む	育てる (植物)	催す	相談 する
寝る	学ぶ	遊ぶ	買う 売る	展示 する
くつろぐ	働く	運動 する	借す 借りる	治療 する
読む	つくる	見守る	あげる もらう	泊まる

〔KEYWORD〕

・階毎に違った形の平面形状
・吹抜のテラスを介して上下が連続
・一般的なビルの倍以上の階高

東京湾岸の大通り沿いに建つ、印刷製版と広告のデザインや画像制作などを行う会社の拠点となるビル。自社のオフィスだけでなく、共同作業を行うことの多い外部の企業の人やデザイナーたちが自由に使えるシェアオフィス、レクチャーやワークショップなどを行うホール、地域の人たちが気軽に立ち寄ることのできるカフェなどが求められ、それらが全体でひと繋がりに感じられることが望まれた。単に同一平面のフロアが積層されるオフィスビルではなく、フロアごとに異なる性格と形状を持ちつつ、上下階や街に対して視線や体験が連続していくような、多様で立体的な関係性を持つ空間をめざした。働く人、ワークショップで絵を描く人、テラスで休憩する人、カフェでおしゃべりする地域の人など、それぞれがお互いのことや周辺の街を感じながら、さまざまな活動が行われ、街の中の新しい風景となっていく。

〔DATA〕

所在地	東京都港区芝浦3-15-4
竣工	2011年
設計	妹島和世建築設計事務所
建主	広告製版社
企画	広告製版社
運営	広告製版社
施工	清水建設
確認申請上の用途	事務所
敷地面積	244.33㎡
建築面積	202.21㎡
延床面積	950.61㎡
構造・工法	鉄骨造
階数	地上5階、地下1階
用途地域	商業地域

階ごとに違ったかたちの平面形状をしており、吹抜のテラスを介して上下が連続する。　1階平面図　1/400

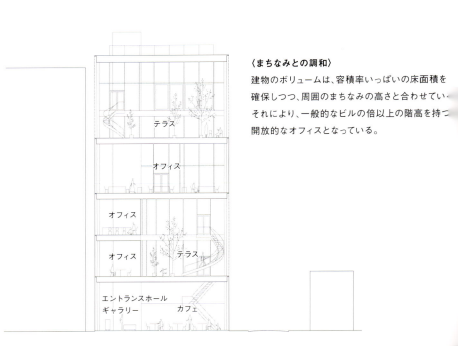

〈まちなみとの調和〉

建物のボリュームは、容積率いっぱいの床面積を確保しつつ、周囲のまちなみの高さと合わせていく。それにより、一般的なビルの倍以上の階高を持つ開放的なオフィスとなっている。

A-A'断面図　1/400

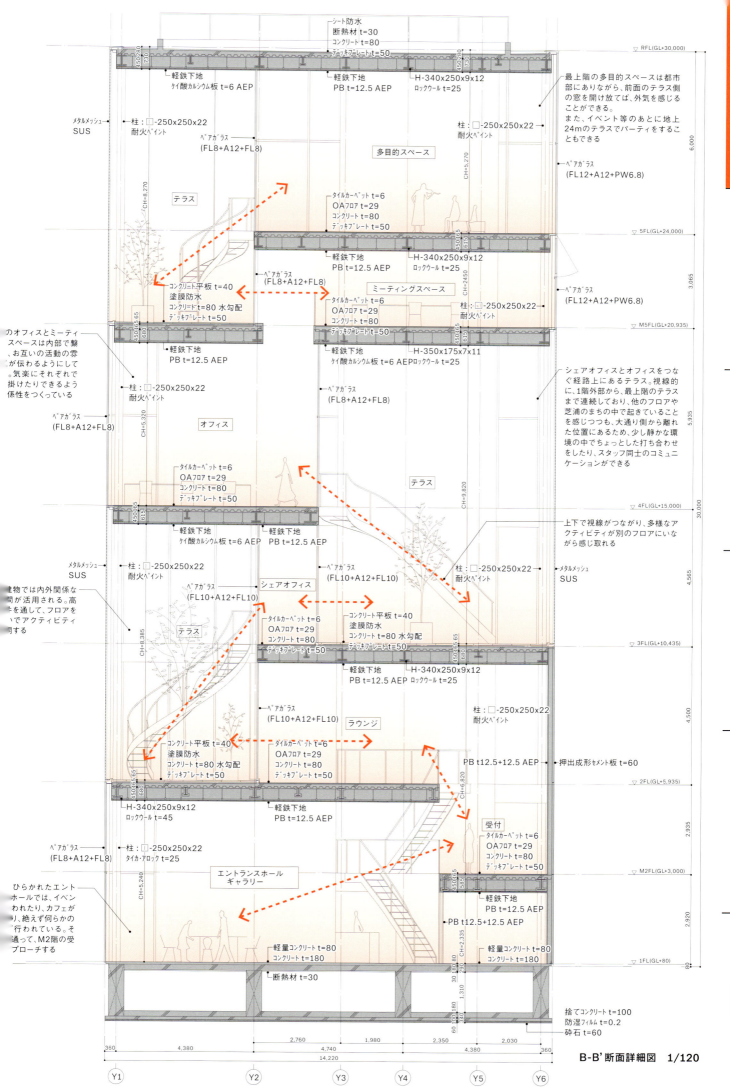

B-B'断面詳細図　1/120

05 地域開放型シェアハウス

CASACO
tomito architecture

主な用途	食べる 飲む	育てる（植物）	催す	相談する
寝る	学ぶ	遊ぶ	買う 売る	展示する
くつろぐ	働く	運動する	借す 借りる	治療する
読む	つくる	見守る	あげる もらう	泊まる

〔KEYWORD〕
- 1階を町に開く構成
- 地域素材の活用
- 参加型施工ならではの空間の質

丘に広がる住宅地に建つ二軒長屋を改修し、住居＋交流拠点とするプロジェクトである。2階はシェアハウスの居室が4部屋あり、1階は町に開かれた共有空間となっている。1階のマネジメントをする運営団体には設計者も参画し、カフェ、イベントスペースの仕組みを提供している。地域のママさんなどが日替わりで「日直」を担当し、カフェを開くかたわら、趣味や特技を楽しみながら共有し、地域に還元する場として活用している。気楽に中に入って来れること、様々な居場所があり親しみやすさがあることを空間のテーマとした。道から段状に連続する断面構成や、吹抜の広間を様々な空間が囲む多中心的な平面構成、軒下の石畳のように地域素材を住民参加型で施工し再活用することを通して、多様な人や物の参加を許容するおおらかな空間となった。

〔DATA〕

所在地	神奈川県横浜市西区東ヶ丘23-1
竣工	2016年
設計	tomito architecture
建主	カサコプロジェクト
企画	カサコプロジェクト
運営	カサコプロジェクト
施工	ルーヴィス、自主施工
確認申請上の用途	住宅
敷地面積	165㎡
建築面積	97.98㎡
延床面積	157.73㎡
専有部	59.75㎡
共用部	97.98㎡
構造・工法	木造、一部鉄骨フレーム補強
階数	2階
用途地域	第一種住居地域、準防火地域

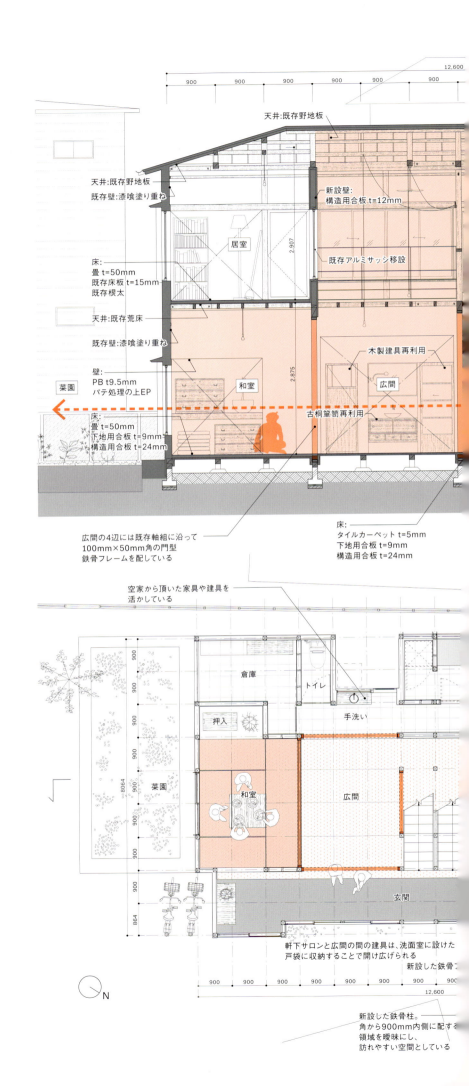

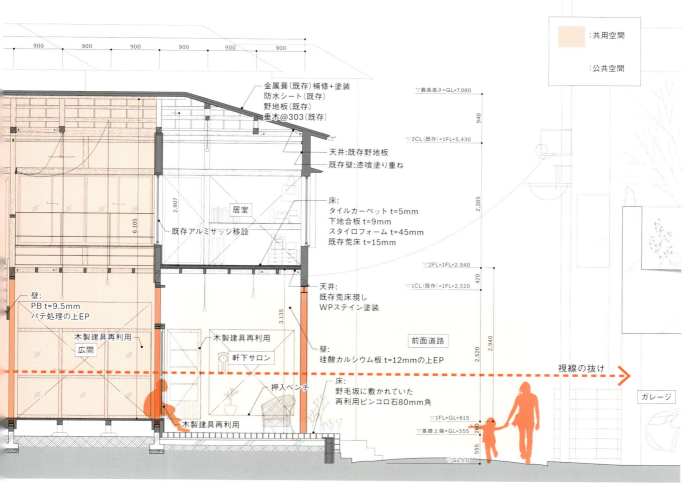

断面図　1/70

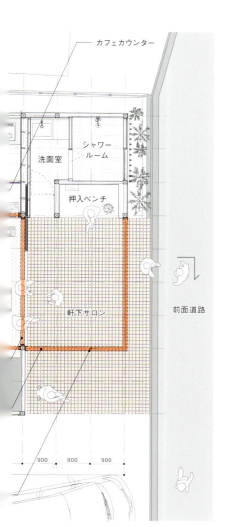

1階平面図　1/100

〈道から連続する断面計画/広間を中心とした平面計画〉

1階を町に開くにあたり、気楽に入れること、多様な居場所があることを目指した。断面では道から広間まで段状の構成をとり、縁側のように座るきっかけを多く用意したり、歩行者の目線の高さに留意した計画とした。平面では左右対称の既存形式を活かし、中央吹抜広間を4周の特徴的な空間が取り囲むような計画とし、緩い規律のある多中心的な空間とした。

〈地域素材の活用/住民参加の施工プロセス〉

建築ができるまでのプロセスをオープンにすることで、場への愛着と主体性が生まれることを目指した。周辺空家の家具や建具、近所の坂道に敷かれていた石畳を譲り受け、それらが引き立つような空間としたことで、地域の記憶や様々な時間を感じられる場となっている。住民参加での施工となった軒下サロンの石畳は、視覚的/身体的に感じられる独特の揺らぎをもち、場所の親しみやすさを生むことに寄与している。

06 シェア型複合施設

THE SHARE
リビタ

主な用途	食べる飲む	育てる(植物)	催す	相談する
寝る	**学ぶ**	**遊ぶ**	**買う売る**	**展示する**
くつろぐ	**働く**	運動する	借す借りる	治療する
読む	つくる	見守る	あげるもらう	泊まる

〔KEYWORD〕

・快適な最上階に共用部をつくる
・家具と、床仕上による6階の空間分節
・街や人を繋げる1階のデッキ・店舗

築48年の企業寮を、ショップ・オフィス・アパートメントなどの機能を内包した複合施設へとコンバージョンした事例。1階にはカフェやアパレル、2階にスモールオフィス・シェアオフィス、3〜6階には64室のシェア住居が配されている。もとは寮室が並んでいた6階の一区画は、建物全体の耐震計画や外部キャットウォーク新設などによる設備配管ルートの変更により、躯体間間仕切り壁・PS等を撤去した見通しの良いラウンジへと生まれ変わっている。家具配置によって多目的に活用できる当該エリアをはじめ、発表やブレストにも対応するチョークボード壁、作品を吊るせばギャラリーになり得る「うんてい」など、居住者の創造性に柔軟に呼応できるよう、様々な工夫が凝らされている。原宿・神宮前に集まる魅力的な人々とその価値観が、当該施設を介し発信され、これからの原宿の新たな基点になる事を願っている。

〔DATA〕

所在地	東京都渋谷区神宮前3-25-18
竣工	2011年
建主	リビタ
企画・デザイン監修	リビタ
運営	リビタ
施工	佐藤秀、ジーク
設計	ジーク
確認申請上の用途	寄宿舎、事務所、店舗
敷地面積	853.13㎡
建築面積	538.49㎡
計画面積	3,155.46㎡
専有部	369.57㎡(テナント)、343.83㎡(オフィス)、1,015.74㎡(住居/住戸タイプ 11.6㎡、18.1㎡、21.3㎡)
共用部	1,426.32㎡
構造・工法	鉄筋コンクリート造
階数	地上6階、塔屋2階
用途地域	商業地域

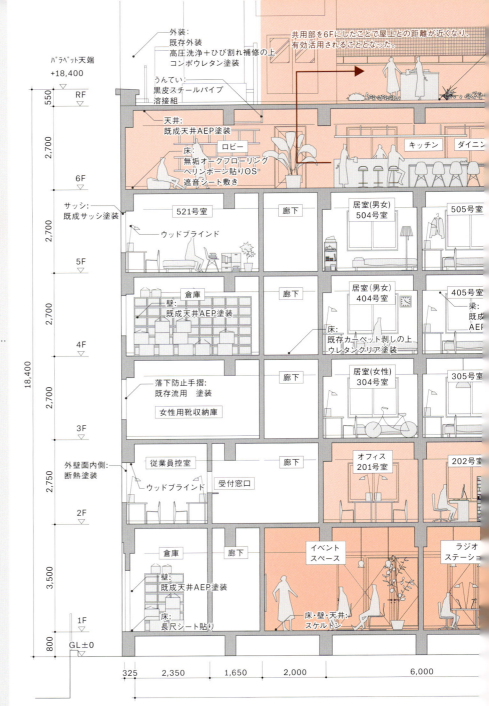

2階平面図(オフィス)　1/800

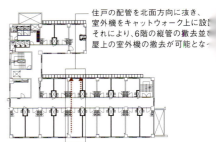

3階平面図(シェアハウス居室)　1/800

〈用途の組み合せ〉

これまでの賃料収益モデルからすると、上階は単価が高く取れる居室を配置するのが通常であったが、THE SHAREでは最上階に共用部を設け、3,4,5階の居住者のアクティビティを上階に引き上げ、シェアハウスの共用部が低層部のみに集中した従来のものとは異なる構成を採用した。
一方、一階にはこの街とのつながりをつくるテナント区画を設け、この建物が多様な人のたまり場となるように意図している。
結果、全体を通して様々な人たちとシェアできる用途が混在する施設となった。そういった諸用途の積層は、多様な居住者の生活スタイルも支えることができる。

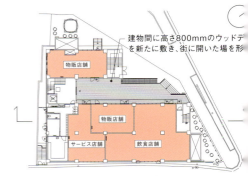

配置図兼1階平面図(店舗)　1/800

07 会員制シェアードワークプレイス

co-ba shibuya
ツクルバ

主な用途	食べる飲む	育てる(植物)	催す	相談する
寝る	学ぶ	遊ぶ	買う売る	展示する
くつろぐ	働く	運動する	借す借りる	治療する
読む	つくる	見守る	あげるもらう	泊まる

〔KEYWORD〕

・人との距離感を選べる机
・本と人の3つの関係性
・多様な使い方に対応する可変机

co-ba shibuyaは、若手起業家やクリエイター、スタートアップのチームなど、それぞれのチャレンジに向き合う方々が集い、単に場所を共有するだけではなく、アイデアやビジネスも共有し、お互いを高めていくシェアードワークプレイスである。コワーキングという働き方が日本に浸透し始めた2011年において、シェアオフィスの新しい型を目指して設計し、その後の運営に合わせて変形を繰り返して今の形に至っている。フロア1では、奥行きや仕切りの高さを変数として、グループワーク・個人作業・チーム作業に合わせて、人と人の距離感を選べるように、枝分かれした大きな机をデザインした。フロア2では、本と人の関係性をテーマに仕上げの色と合わせて3つのゾーンをつくり、それらを横断するようにイベント利用を想定した可変の机を配置している。

〔DATA〕

所在地	東京都渋谷区渋谷3-26-16 第五叶ビル 5F・6F
竣工	2011年～2012年
設計	ツクルバ
建主	ツクルバ
企画	ツクルバ
運営	ツクルバ
施工	ツクルバ、HandiHouse Project
確認申請上の用途	事務所
敷地面積	228.98㎡ 4㎡(1フロアあたり)
建築面積	131.67㎡
計画面積	252.65㎡
専有部	126.325㎡(1フロアあたり)
共用部	11.42㎡(1フロアあたり)
構造・工法	鉄筋鉄骨コンクリート造
用途地域	商業地域

①スタンディング
エントランス付近での偶発的なコミュニケーションや、気分を変えて立ち作業をするための場所

②ミートアップ
対面して打ち合わせやグループワークをするのに最適な距離感(幅900mm)の場所

③集中
見知らぬ人と対面して仕事していても気まずくならない距離感(幅1200mm)の場所

④グループ
仕切りでグループの領域をつくり、互いの画面を見せ合いやすい状態で作業ができる場所

⑤個人
仕切りはあるもののまわりを回遊する人に近く、コミュニケーションのきっかけになる場所

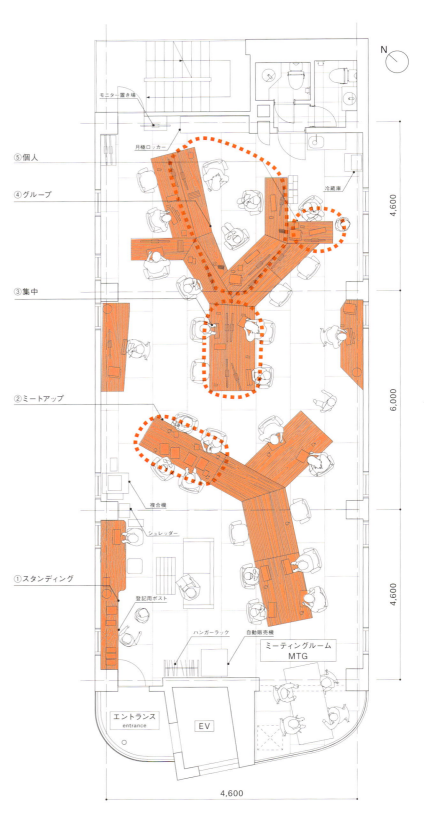

フロア1平面図 1/100

フリーアドレス席		壁面造作	

⑥フレキシブルデスク	⑦マガジンシェルフ	⑧シェアライブラリー	⑨展示ウォール
天板と脚を解体できるため、利用シーンに合わせて高さやレイアウトを自由に変更できる机	雑誌の概要を分かりやすく伝えるために、白い壁面に表紙を並べてレイアウトしている棚	co-ba会員それぞれの趣味趣向を表現するために1区画ずつを占有してもらっている茶色の棚。貸し借り可	壁に本を差し込めるスリットがあり、その周辺の黒板にコメントを書き込めるようになっている棚

フロア2平面図　1/100

08 最少文化複合施設

HAGISO
HAGI STUDIO

主な用途	食べる飲む	育てる（植物）	催す	相談する
寝る	学ぶ	遊ぶ	買う売る	展示する
くつろぐ	働く	運動する	借す借りる	治療する
読む	つくる	見守る	あげるもらう	泊まる

〔KEYWORD〕
- 最小文化複合施設
- 木造アパートの改修
- 地域内ネットワーク

HAGISOは東京谷中にある木造アパート「萩荘」をリノベーションした「最小文化複合施設」である。2011年の震災をきっかけに解体予定だった建物が、「建物の葬式」としてのイベントを契機に計画を一転、改修し利用することになった。1階は中廊下型の住戸配置を活かし、天井高7mの吹き抜けをもつギャラリーと24席のカフェが廊下を介して同じ空間に設えられている。展示するアーティスト、地域住民、観光客、レンタルスペースを使うイベントの参加者など、多様な属性の人々が空間を共有している。2015年からは「まちをホテルに見立てるプロジェクト」hanareがスタートし、HAGISOの2階にレセプションを構える。

〔DATA〕
所在地	東京都台東区谷中3-10-25
竣工	2013年
設計	HAGI STUDIO
建主	個人
企画	HAGI STUDIO
運営	HAGI STUDIO
施工	ROOVICE
確認申請上の用途	飲食店
敷地面積	177.35㎡
建築面積	106.36㎡
延床面積	187.52㎡
構造・工法	木造
階数	2階
用途地域	第一種住居地域

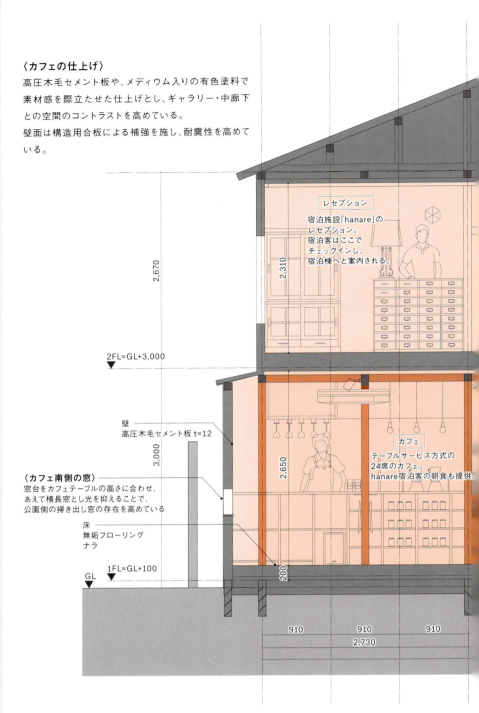

〈カフェの仕上げ〉
高圧木毛セメント板や、メディウム入りの有色塗料で素材感を際立たせた仕上げとし、ギャラリー・中廊下との空間のコントラストを高めている。
壁面は構造用合板による補強を施し、耐震性を高めている。

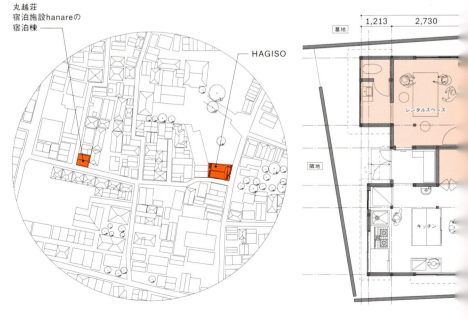

周辺図　1/3,000

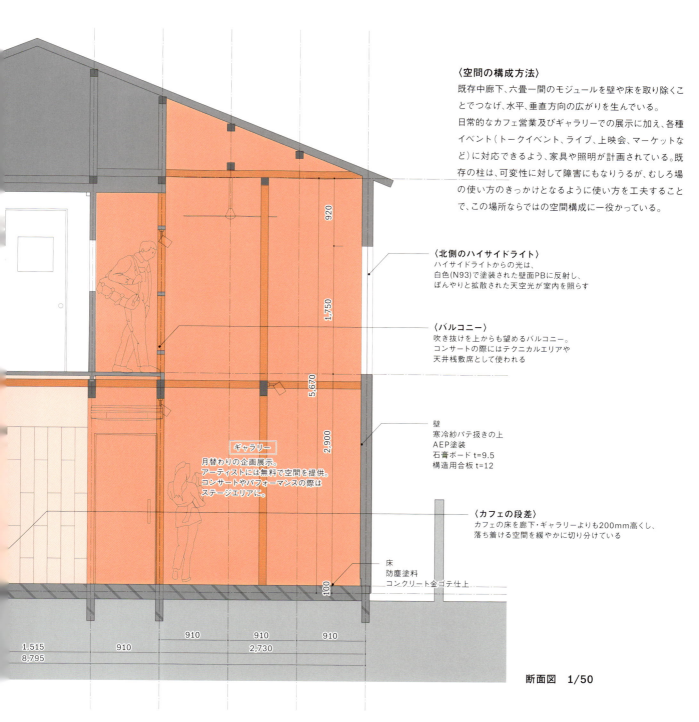

〈空間の構成方法〉
既存中廊下、六畳一間のモジュールを壁や床を取り除くことでつなげ、水平、垂直方向の広がりを生んでいる。
日常的なカフェ営業及びギャラリーでの展示に加え、各種イベント（トークイベント、ライブ、上映会、マーケットなど）に対応できるよう、家具や照明が計画されている。既存の柱は、可変性に対して障害にもなりうるが、むしろ場の使い方のきっかけとなるように使い方を工夫することで、この場所ならではの空間構成に一役かっている。

〈北側のハイサイドライト〉
ハイサイドライトからの光は、白色（N93）で塗装された壁面PBに反射し、ぼんやりと拡散された天空光が室内を照らす

〈バルコニー〉
吹き抜けを上からも望めるバルコニー。コンサートの際にはテクニカルエリアや天井桟敷席として使われる

ギャラリー
月替わりの企画展示。
アーティストには無料で空間を提供。
コンサートやパフォーマンスの際はステージエリアに。

壁
寒冷紗パテ扱きの上
AEP塗装
石膏ボード t=9.5
構造用合板 t=12

〈カフェの段差〉
カフェの床を廊下・ギャラリーよりも200mm高くし、落ち着ける空間を緩やかに切り分けている

床
防塵塗料
コンクリート金ゴテ仕上

断面図　1/50

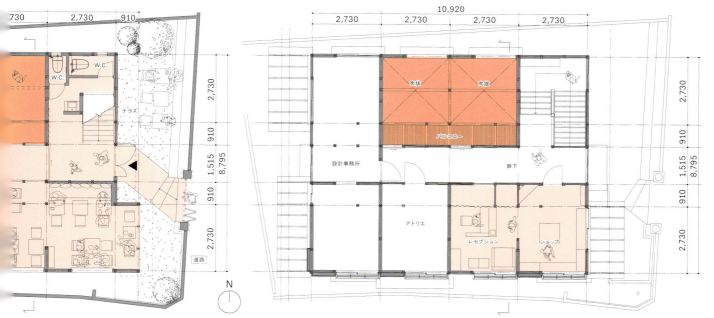

1階平面図　1/150　　　2階平面図　1/150

09 地域連携型保育園

まちの保育園 小竹向原

宇賀亮介建築設計事務所

主な用途	食べる 飲む	育てる (植物)	催す	相談する
寝る	学ぶ	遊ぶ	買う 売る	展示する
くつろぐ	働く	運動する	借りる 貸す	治療する
読む	つくる	見守る	あげる もらう	泊まる

〔 KEYWORD 〕

・子供の学びが可視化された空間
・開かれた空間とセキュリティの両立
・住宅地の景観に対する配慮

「まちの人」との交流や協力による「こども主体のまちぐるみの保育」を理念とする保育園。日々の対話に保育の本質があるという理念のもと、木やレンガタイルを多用した落ち着いた内装空間の形成や床の高低差、折り天井、光庭、路地のようなギャラリーなど園児と大人のための居場所や対話の多様な場づくりを目指した。
カフェと保育室の床レベルを街路から1m下げて室内の園児の様子が街路から視認されないようにしつつ街路から園庭への視線の抜けを確保し、園庭の木々が街路とカフェから見通せる計画としている。
住宅地の景観に溶け込むように屋根形状は寄棟でかつ分節を施している。さらに建物高さを抑えるために2階は屋根の天井懐内を利用し、道路面には吹抜を設け道路側立面では寄棟屋根の平屋づくりの建物に見えるようにしている。

〔 DATA 〕

所在地	東京都練馬区小竹町2-40-5
竣工	2011年
設計	宇賀亮介建築設計事務所
建主	Salon、ナチュラルスマイルジャパン
企画	ナチュラルスマイルジャパン
運営	ナチュラルスマイルジャパン
施工	青木工務店
確認申請上の用途	保育所
敷地面積	976.2㎡
建築面積	458.22㎡
延床面積	502.52㎡
構造・工法	鉄骨造、一部鉄筋コンクリート造
階数	2階
用途地域	第一種低層住居専用地域

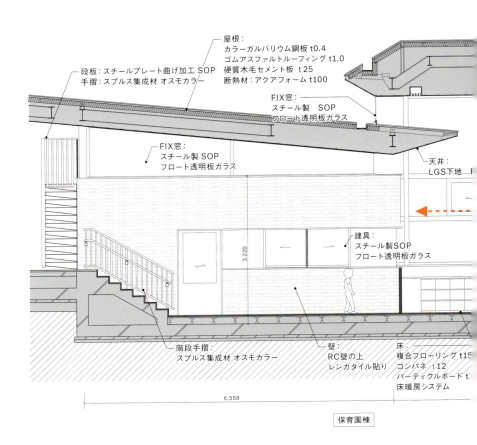

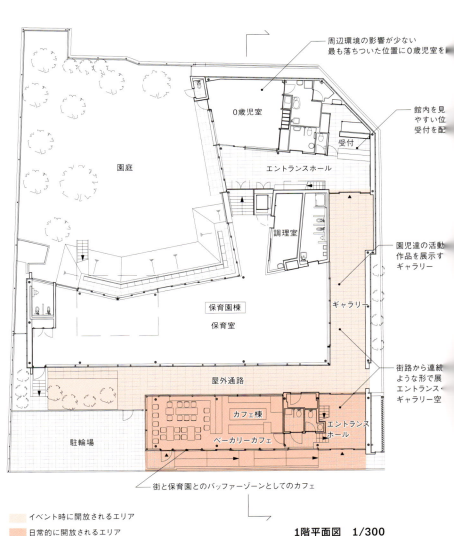

1階平面図　1/300

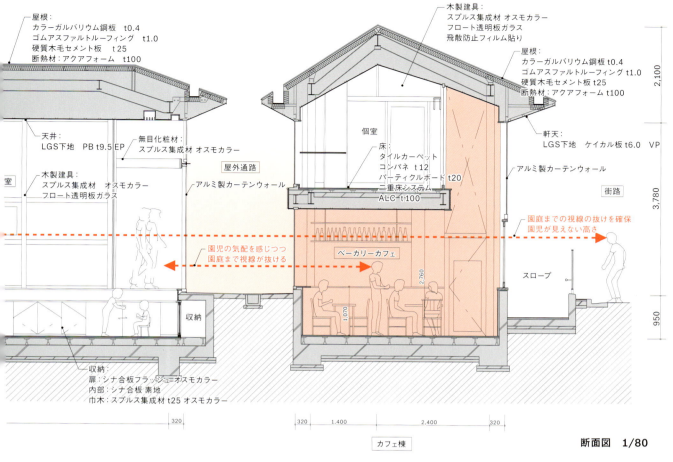

断面図 1/80

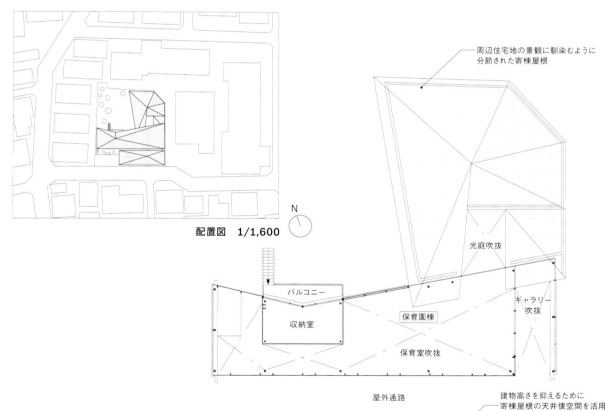

配置図 1/1,600

2階平面図 1/300

※平面図は竣工時の樣態を示すもので、現在とは異なっています。

〈活気ある室内空間〉

園庭の緑、高窓や光庭越しに流れる雲、調理室内の熱気、レンガ壁に落ちる木々の影、ギャラリーを行き交う人、カフェ店内の客の顔、ソファや受付での会話といった大人達と窓外の自然の「動き」と「気配」が園内に居る子供達の視線の先に常に展開するように諸室と開口部、屋根の配置やデザインに配慮することで、開放的で街の中での育みが感じられるような活気ある室内空間の実現を目指している。

10 DIYシェアハウス

SHARE yaraicho

篠原聡子＋内村綾乃／空間研究所
＋A studio

主な用途	食べる 飲む	育てる（植物）	催す	相談する
寝る	学ぶ	遊ぶ	買う 売る	展示する
くつろぐ	働く	運動する	借す 借りる	治療する
読む	つくる	見守る	あげる もらう	泊まる

【KEYWORD】

・隙間で緩くつながるコモンスペース
・空間・もの・情報・ことのシェア
・見せるデザイン

都心の住居地域に建つ、7つの個室とひとつのゲストルームをもつシェアハウスである。日影規制のかからない10mに全体の高さを抑えて、高さ10m、奥行12mの大きな箱に個室を含む小さな箱を入れるという全体の構成である。小さな箱と小さな箱の間には、60cm程度の隙間がある。この隙間は、1階のエントランスホール、2階の書棚のついた廊下、3階のコモンキッチンとリビングを緩やかにつなぎ、上下の個室間の音を遮断し、住人が自由に使える収納スペースとなっている。生活をシェアすることは、その空間、そこにあるもの、そこでの情報を共有することである。収納のほとんどをあえて見せるデザインとすることで、住人同士が情報やものを共有することができる。またその家具のほとんどが1階の作業場でセルフビルドでつくられている。こうした協働も生活をシェアする一部となっている。

【DATA】

所在地	東京都新宿区矢来町
竣工	2012年
設計	篠原聡子＋内村綾乃／空間研究所＋A studio
建主	個人
企画	篠原聡子＋内村綾乃／空間研究所＋A studio
運営	自治
施工	リンクパワー
敷地面積	128.60㎡
建築面積	76.68㎡
計画面積	184.27㎡
専有部	93.7㎡（一戸当たり13.39㎡）
共用部	90.57㎡
構造・工法	鉄骨造
階数	3階
用途地域	第一種中高層住居専用地域

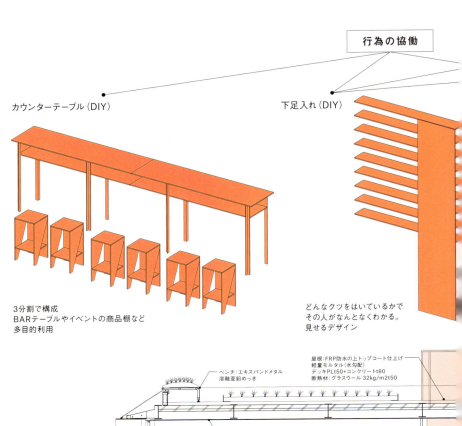

カウンターテーブル（DIY）
3分割で構成
BARテーブルやイベントの商品棚など多目的利用

下足入れ（DIY）
どんなクツをはいているかでその人がなんとなくわかる。
見せるデザイン

行為の協働

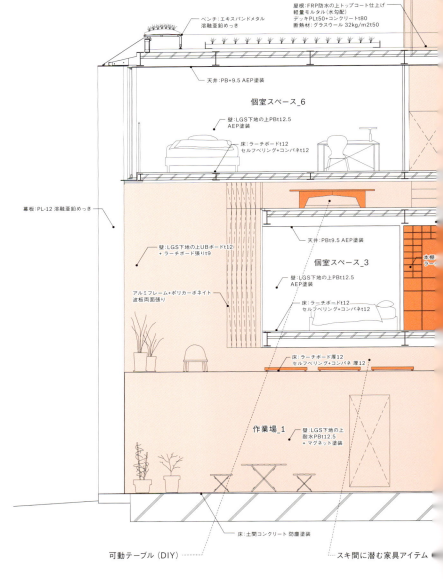

可動テーブル（DIY）
食卓、ミーティング、パーティーで活躍する重要なアイテム。
スキ間にぴったりスライドする

スキ間に潜む家具アイテム

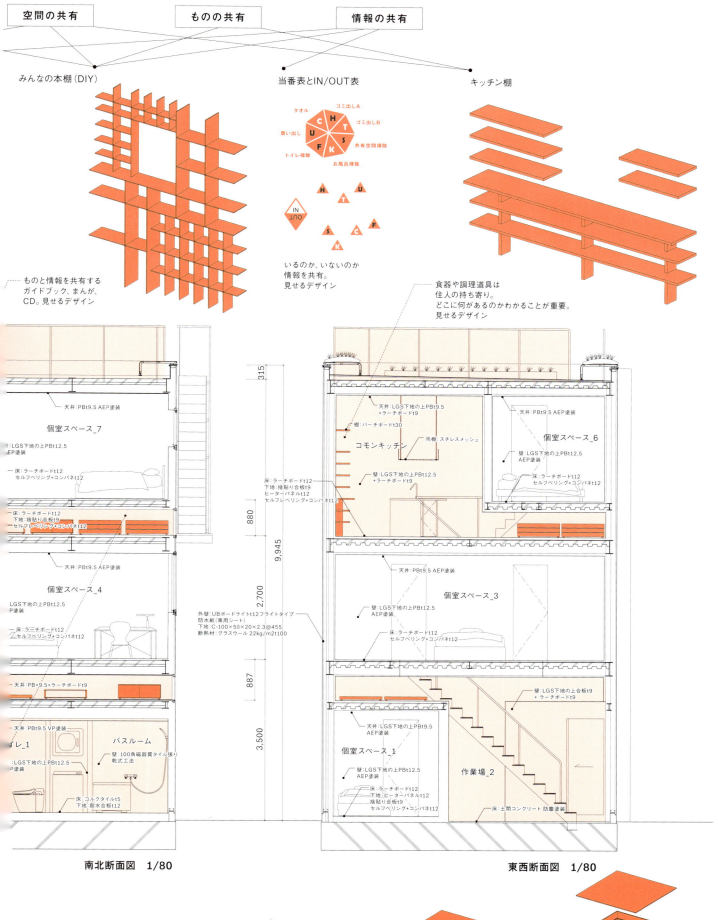

空間の共有　ものの共有　情報の共有

みんなの本棚(DIY)　　　当番表とIN/OUT表　　　キッチン棚

ものと情報を共有する
ガイドブック、まんが、
CD。見せるデザイン

いるのか、いないのか
情報を共有。
見せるデザイン

食器や調理道具は
住人の持ち寄り。
どこに何があるのかわかることが重要。
見せるデザイン

南北断面図　1/80　　　　東西断面図　1/80

大都市×都心
大都市×郊外
地方都市×都心
地方都市×郊外
超郊外・村落
移動式

スーツケース、リュックを格納。
奥のものも取りやすくする

ボトルストック。
ワイン、一升瓶など
飲みたいお酒をキープ

四方から使える収納ラック。
バスマット、タオル、フキンを格納
どこからでも同じデザインとする

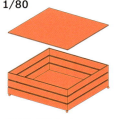

フタ付、収納ラック。
キッチングッズを格納。
ホットプレート、カセットコンロ、
タコ焼き器、時々使うものを収納

11 アートホステル

kumagusuku

ドットアーキテクツ

主な用途	食べる飲む	育てる（植物）	催す	相談する
寝る	学ぶ	遊ぶ	買う売る	展示する
くつろぐ	働く	運動する	借す借りる	治療する
読む	つくる	見守る	あげるもらう	泊まる

〔KEYWORD〕

・アートとともに過ごす
・建築に伝統工芸を取り込む
・既存建物の痕跡を残した改修手法

壬生寺や壬生菜で知られる京都壬生地区の住宅街に立地する築70年ほどの寮を、ゲストハウスとギャラリーへ改修するプロジェクト。1階には、アートホステル「kumagusuku」のレセプションと水回り、「kumagusuku」とは別の専用通路から入る中庭を挟んで「ozasahayashi_project」がある。2階はシングルやツインなど「kumagusuku」の部屋が4部屋並んでおり、企画展が行われている間はすべての部屋でアートを体験できる。構造は最低限の補強を施し、以前の寮の時代からある内装を積極的に残しながら、さらにインテリアだった場所を外部にむき出しにすることによって内部と外部が入り混じる構成とし、ここで展示するアーティストの創造力を刺激するように計画した。

〔DATA〕

所在地	京都府京都市中京区壬生馬場町37-3
竣工	2014年
設計	ドットアーキテクツ
建主	矢津吉隆、ART OFFICE OZASA
企画	矢津吉隆、ART OFFICE OZASA
運営	矢津吉隆、ART OFFICE OZASA
施工	〈建築〉椎口工務店〈アートワーク〉工芸の家〈グラフィック〉UMA/design farm
確認申請上の用途	住宅
申請上の用途	簡易宿所、アートスペース
建築面積	84.23㎡
延床面積	150.04㎡（建物全体）
専有部	93.32㎡（簡易宿所部分）
構造・工法	木造
階数	2階
用途地域	商業地域、準防火地域

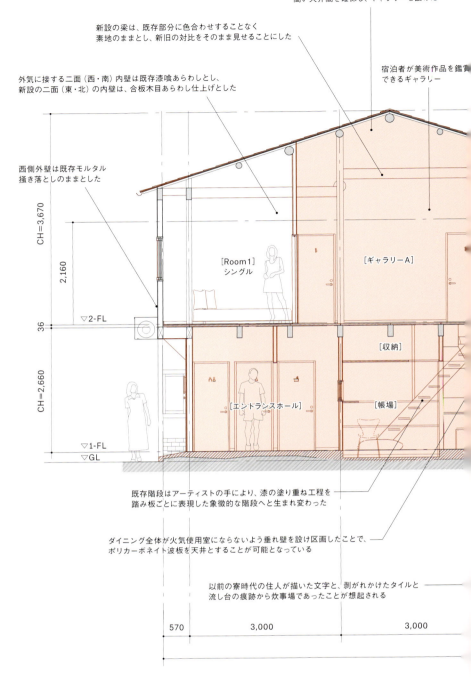

〈アートとともに過ごす〉

宿泊者と来場者を違う入り口をもつことで、それぞれが干渉しない構成となっている

1階平面図　1/200

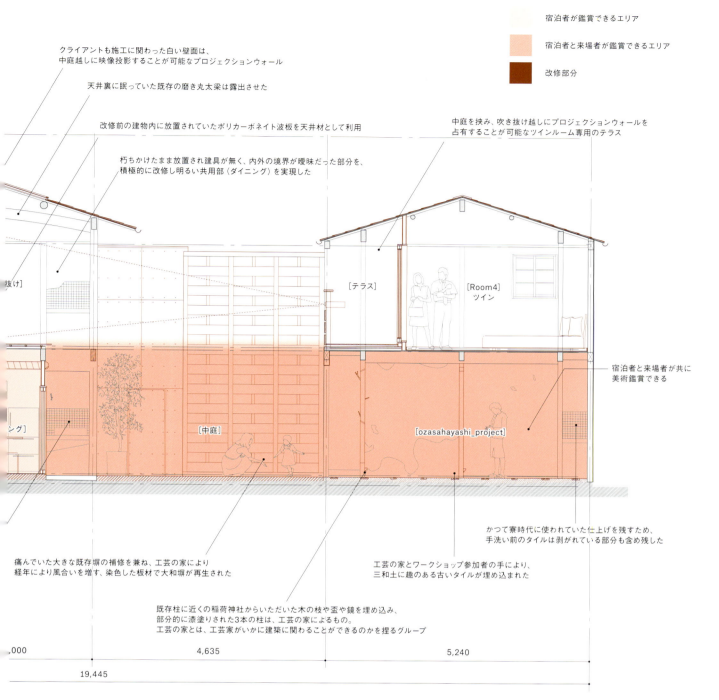

東西断面図　1/100

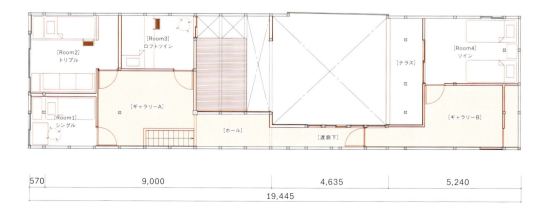

2階平面図　1/200

12 インキュベーション型賃貸住宅

食堂付きアパート

仲建築設計スタジオ

主な用途	食べる飲む	育てる(植物)	催す	相談する
寝る	学ぶ	遊ぶ	買う売る	展示する
くつろぐ	働く	運動する	借す借りる	治療する
読む	つくる	見守る	あげるもらう	泊まる

〔KEYWORD〕

・小さな経済
・職住一体
・中間領域

《小さな経済》に着目することで、開かれた生活環境をつくろうとするプロジェクト。
職住一体型のSOHOユニット(5戸)、シェアオフィス、食堂というプログラムが複合し、立体路地によって融合されている(fig1)。また、ソフト面でもお互いが関係し合う仕組みをつくっている。
ハードウェアのデザインとして重要なことは、用途を複合させること自体ではなく、それらによって生まれる相互の境界を緩め、むしろ中間領域として空間化することにある(fig2)。
そのために、断面構成、床や天井の仕上ラインや仕上材を慎重にコントロールしている。またあえて腰窓を設けるなど、窓辺の空間をつくることにより、実質的な透明性をつくろうとした。

〔DATA〕

所在地	東京都目黒区目黒本町5-14-14
竣工	2014年
設計	仲建築設計スタジオ
建主	個人
企画	個人
運営	個人、食堂会議(オーナー、シェフ、仲建築設計スタジオ)
施工	小川建設
確認申請上の用途	共同住宅
敷地面積	139.89㎡
建築面積	97.56㎡
延床面積	261.13㎡
構造・工法	鉄骨造一部鉄筋コンクリート造
階数	地上3階地下1階
用途地域	第一種住居地域

〈中間領域としてのスタジオや食堂〉

スタジオはSOHO住宅内の仕事場である。スタジオは路地に面して配置され、寝室等のプライベートな空間と、共用部である路地の中間的な領域となっている。スタジオの天井は高く、奥にいくにしたがって天井が低くなり部屋も小さくなり、プライベート感が高まるようになっている。スタジオと路地の間は玄関前テラスであり、看板を置いたり、家具や植栽を置いたりという使われ方をしている。
食堂はアパートと街路の中間的な領域であり、2つの出入口、2つの床レベルをもつ。下のフロアは街路と直結した場であり、カウンター主体である。上のフロアはアパート側の出入口を持ち、天井が低く、街路を見下ろすことのできる落ち着いた場としている。

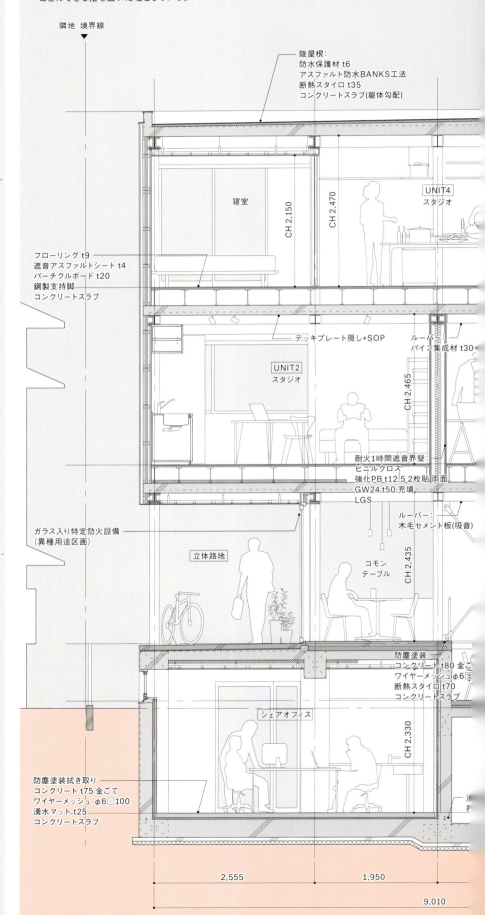

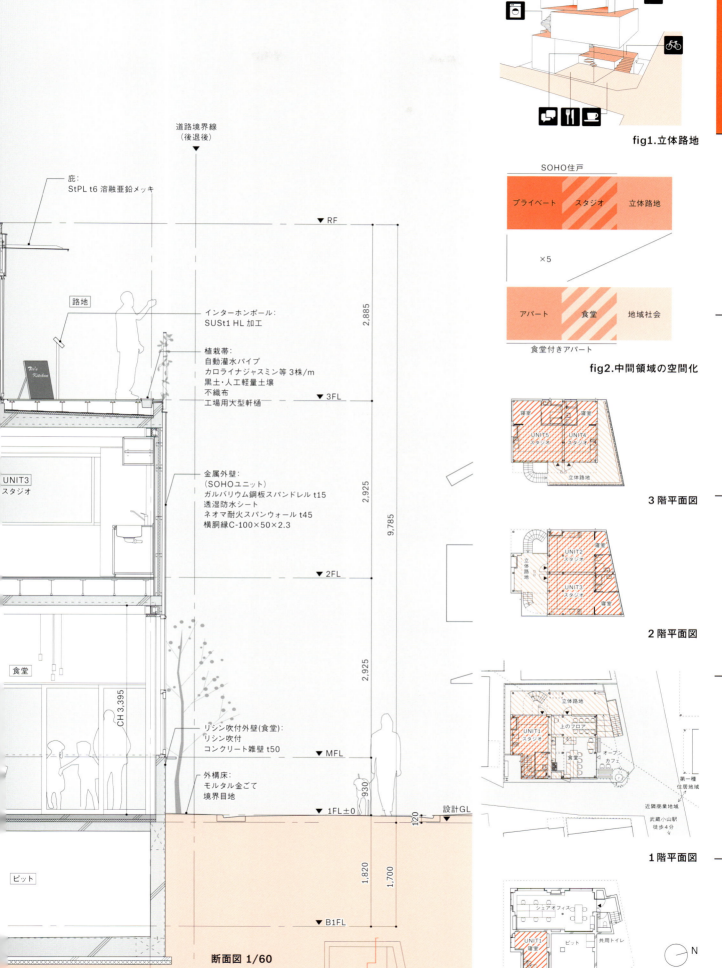

Interview｜松本理寿輝／まちの保育園代表・ナチュラルスマイルジャパン株式会社代表取締役

地域の居場所を併設し
まちぐるみの保育と
まちづくりを実践する

——まちの保育園のコンセプトをお聞かせください。

松本 2つの考え方からまちの保育園はできています。1つは子どもたちの学びや育ちに地域の資源を生かしていこうという考え。もう1つは保育園自体がまちづくりの拠点になっていこうという考えです。

1つ目の考え方は、子どもたちに良い出会いと地域との交流機会をつくっていきたい、いろんな実体験を子どもたちにしてほしいという想いからきています。というのも、0歳から6歳の間の育つ環境や経験が、その人の人格を形成していく上でとても重要になるからです。

今、教育が大きくシフトしています。今の子どもたちが大人になって就職するとき、65％の子どもたちは、今は存在しない職業に就くだろうと言われています。社会や価値観が多様化するとともに仕事の種類も現在とは異なるものとなるでしょう。そのときに教育がどうあるべきかと考えると、与えられたものを的確にこなすことよりは、自ら考えたり状況を切り開いたり、他者との関係を豊かに育んでいく力、まさに生きる力が重要になります。知識の量よりも知識をいかに活用するかというところに教育の力点が置かれるわけです。こうした学びは、アクティブラーニングと言われていますね。

そうした流れのなかで、社会に開かれた教育課程ということが教育改革全体のテーマになっています。子どもたちの学習資源を学校、保育園、幼稚園の中だけじゃなくて社会全体に求めていくということです。アクティブラーニングでは、知識の獲得以上に学習技能や学習態度が大事だと言われています。学ぶこと自体を学ぼうということですね。

では、その学習の技能とか態度はいつ養われるかと言うと、0歳から6歳なんです。この期間にどういう出会いをし、どんな考え方をしたか、どんな実体験をしたかが重要で、子どもたちは人との出会いを通して敏感にそれを吸収して自分のものにしていくんです。学びというものは既に知っているものの組み合わせで、新しいものを知っていきます。様々な人の価値観とか考え方に触れ、それを組み合わせながら、自分で新しいことを創造していくんです。そのときに、私たちは保育園だけの資源に頼らずに社会全体、地域全体を資源として見ていくことによって、子どもがあらゆる可能性に向き合える環境を提供できるんじゃないかという考えを持って、まちに開くということをやっています。

——具体的に、出会いを通して子どもたちの学習につながった事例をお教えください。

松本 例えば、子どもたちと鳥博士の出会いがあります。子どもたちが鳥に関心を持って町歩きをしていると、鳥の声が2種類聞こえると子どもが言ったんです。それだけですごいなと思いますよね。それに感心した保育者が、子どもたちの鳥への興味をもっと深め広げていくためにどうしたらいいか、ということを考えコミュニティコーディネーターに相談し、コミュニティコーディネーターが出会っていた近隣の企業を通して、鳥の専門家と子どもたちが出会いを持てるということになりました。コミュニティコーディネーターというのは、地域と保育園を橋渡しする職種です。そして、鳥博士と子どもたちが一緒にフィールドワークをすることになりました。歩いていると、ツバキの花が落ちているのを見た鳥博士が「黒い点がついているから、これはメジロが止まって蜜を吸った後だね」と言う、そういうことから子どもたちの鳥への興味が深まっていきます。こうした経験が積み重なると、子どもたちが描く鳥たちの絵が精巧に表現されるようになったり、他の生き物への興味へもつながっていったりするんです。

1つの深い経験が他の経験の深さにもつながっていくことは、よく学びの場で実感します。そのために教育環境を工夫してつくっています。

——もう1つのまちの保育園のコンセプトである、保育園自体がまちづくりの拠点になっていくという考えについても、お聞かせください。

松本 保育園がまちづくりの拠点となるというのは、地域の中で保育園がどういう性質を持っているかということから考えたことです。

地域交流の希薄化がいろいろと課題になっていますが、私たちの領域で言うと、孤独の孤と書いて孤育てをしている家庭が増えています。もっと地域が豊かに交流する機会が増えると、そういう課題も解決しやすい可能性がある。震災以降は特に語られますが、地域の絆、防犯・防災上で社会関係資本をどのように育んでいくかということが大切だと言われています。こういった課題をもう少しブレークダウンしたときに見えてくるのは、高齢者世帯と若い世代のコミュニケーションの断絶ではないでしょうか。

地域における高齢者世帯のネットワークは、おもに町内会や自治会が育んでいることが多いです。自治会や町内会は自治体の最小単位として防犯・防災に取り組み、まちを維持しているかたがたですが、その加入率が年々下がってきています。そういう状況で、若い人たちに加わってほしいという思いが町内会や自治会にはあります。ただ、若い人たちは町内会に加入するとしがらみができるんじゃないかとか、面倒くさい役員にさせられるんじゃないかという気持ちがある。

一方で、地域で面白い人との出会いが欲しいとか、この町をもっと好きになりたいとか、コミュニティに興味がある若い人たち、ソーシャルなことに興味がある若い人たちが増えていることも事実としてあります。

保育園に目を向けると、地域での若い世代のネットワークをつくりやすい性質を備えている。保育園には毎日、保護者が通います。小学校以降になると、毎日、保護者は通いませんよね。また、保育所の指針のなかで、保育園は地域の子育ての拠点になるという位置付けがなされています。つまり、保育園はそこに通っている保護者と子どものみならず、地域全体の子どもにも手を差し伸べていく施設なんですね。

こうした性質を生かして、保育園は若い世代のネットワークと高齢者のネットワークの橋渡しをして、地域全体のさまざまなジェネレーションの人たちが関わり合うことができる場所なのではないか

まちの保育園小竹向原の園舎と保育室の風景

と考え、最近は町内会との連携を強めています。

―― **具体的に、まちの保育園が地域の若い世代と高齢者のネットワークの橋渡しになった事例をお教えください。**

松本 若い人たちにも町会を知ってほしいと考えていた町会から、オフィシャルの広報誌をつくりたいという相談を受けたのですが、その際、この広報誌をつくること自体をまちに開いて行いました。町会の掲示板でボランティアスタッフを募集したところ、デザイナーやまちづくりに関わっている人、編集者など、若い人たちからの応募が多くあって、約十数名の編集員が集まったんです。これをきっかけに、まちのマップづくりや、お祭りができました。町で新しい動き、うねりが出始めたぞ、ということはこの辺りに住む人たちも感じ始めているのではないかと思います。

―― **保育園の活動が敷地に納まらず、まちに広がっていますね。保育園と地域とのつながりをつくるときに、ベーカリーカフェ以外に考えられたプログラムはありますか。**

松本 ベーカリーカフェじゃなくても、もしかしたらライブラリーでもよかったかもしれません。ですが、1つ言えるのは無目的、多目的な場所は、日本人は苦手であるということです。

保育園と地域をつなぐ場をつくるなら、地域の人たちが自分の時間を思い思いに過ごせる場が良いなと考えていました。カフェに読書をしに行くとか、友達と会いに行くとか、もっと気軽にパンを買いに行くだとか、地域の人が保育園を訪れる軽いきっかけをつくることができれば良いと考えていました。ただ、ある程度の滞在時間が必要だろうということと、少なからず交流をすることが励まされるような場所でありたいと考えたので、小竹向原ではベーカリーカフェが良いのではないかと考えたわけです。

保育園とベーカリーカフェは、事業としては独立しています。もちろん考えやコンセプトはお互いに共有していますが、互いの事業がぶら下がる形では、持続的ではないので。

現在、小竹向原以外に六本木と吉祥寺にまちの保育園があります。六本木では、地域の窓口としてのキオスク的なサンドイッチと本のスタンドをつくるといいと考えました。食は広く人をつないで、本は深く人を結び付けるものです。吉祥寺には何かを販売する場所ではないですが、カフェのような雰囲気の共用スペースがあります。

―― **カフェに来ている人や道路を歩いている人たちと園児との関係など、この建物に関わる人たちの関係がどうあることが理想だと考えてこの建物をつくられましたか。**

松本 距離感の設計を大切にしました。深く関わりたい人と、ライトに関わりたい人、見ているぐらいでいい人、それぞれによっていろんな距離感がありますよね。ですから、この保育園に訪れたら自動的に私たちとどっぷり関係を持たなければならない、というような距離感にはしたくなかったんです。訪れた人たちが自分の距離感を保ちながらいられる場所にしたくて、カフェも普通に居心地のいいカフェにしたかった。キッズカフェにはしたくなかったし、保育園とカフェが近過ぎると居心地の悪さを感じる人もいるかもしれない。だから、気配が感じられるぐらいの関係性がいいと考えたんです。もうちょっと関わりたくなったら保育園の扉をノックしてもらって、子どもたちに関わる機会はたくさんあります。

また、保育とか教育自体を開くことも考えているので、フェンスを高くして人から見えないようにすることに違和感があって、保育園の様子がみんなからうかがい知れるようにしたかったんです。けれども、プライバシーの面からあんまり見え過ぎちゃうのはよくないので、1m床を掘り下げてもらって、誰が何をやっているかまでは見えないようにしたんです。

これはカフェでも同様で、道路から誰が何を食べているか見えるのは居心地が悪いだろうと思って、両方とも下げてもらいました。園庭はレベルを下げていませんが、道路と園庭くらいの距離があれば問題ない。立体的なつくりになるけど、逆に冗長で平面的な空間よりは立体的な空間のほうが面白い。もちろん、安全・安心を確保しなければいけないですが、立体的な建築空間を楽しんでいこうと考えたんです。

―― **最後に保育園をつくるうえで、建築家に何を期待しているかお聞かせください。**

松本 私たちは保育園を開園したからにはずっとそこに根を下ろしてやっていくので、開園時がピークになる建築は嫌なんです。じわじわいい年の取り方をしていく建築がいいです。ですから、ピカピカツルツルにはしないでください、経年・劣化が味になってくるような、子どもの手あかが似合うような建物がいいとお話していますが、こういった私たちの考えをデザイン的に解決してくれることはもちろんのこと、相手の意見を読み解く力が建築家には大切だと思います。ぼくらは、面倒くさいクライアントでいようと思っているので、たくさんのわがままを言います。見た目が素敵でも、本質的でないものは受け入れらないかもしれません。そういうやりとりに付き合ってくれて、相手の意図を読み解く力があって、それを形にしてくれることを期待します。

松本理寿輝（まつもとりずき）／まちの保育園代表・ナチュラルスマイルジャパン株式会社代表取締役
1980年生まれ。一橋大学商学部卒業。博報堂、不動産ベンチャーの株式会社フィル・カンパニーを経て、2010年ナチュラルスマイルジャパン株式会社を創業。「まちの保育園小竹向原（P.34）」を始め、都内で3園のまちに開いた保育園「まちの保育園」を運営。子ども主体のまちぐるみの保育を実践している。

13 こどもたちの駅前広場＋リノベーション賃貸住宅

ホシノタニ団地

ブルースタジオ

主な用途	食べる飲む	育てる（植物）	催す	相談する
寝る	学ぶ	**遊ぶ**	買う売る	展示する
くつろぐ	働く	運動する	**借す借りる**	治療する
読む	つくる	**見守る**	あげるもらう	泊まる

〔KEYWORD〕

・こどもたちの駅前広場
・まちとの境界をぼかす
・地域価値の向上

小田急線座間駅前に建つ昭和40年代築の小田急電鉄社宅だった4棟の建物。これを一般賃貸住宅と市営住宅として改修した『ホシノタニ団地』。敷地内には市営の子育て支援センターと民間企業の運営によるカフェを誘致し、ゆとりある隣棟間は駐車場を廃して緑化し公園、貸し菜園とした。この私設公園は車の侵入しない「こどもたちの駅前広場」「まちのひろば」ととらえ、入居者だけでなく、街の人々のために地域に開放され、世代を超えた人と人とのにぎわいと交流が生ずる場となっている。
また、私鉄沿線郊外の未来を考えるにあたり、座間でなければ、また小田急電鉄でなければ不可能な積極的なエリアブランディングを資産活用策と平行して行なうことにより、サスティナブルな地域価値の構築を目指した。

〔DATA〕

所在地	神奈川県座間市入谷5-1691-2
竣工	2015年
基本設計、設計・監理、監修	ブルースタジオ
建主	小田急電鉄
企画	ブルースタジオ
管理	小田急不動産
施工	フジタ(旧 大和小田急建設)
確認申請上の用途	共同住宅
敷地面積	5,068.92㎡
建築面積	493.2㎡
延床面積	2,466㎡
専有部	2,055.9㎡(一戸当り37.38㎡)
共用部	410.1㎡
構造・工法	鉄筋コンクリート造
階数	5階
用途地域	第一種低層住居専用地域、第一種住居地域

〈農家カフェ〉
産地直送の野菜を使い、農家と共同経営を行うカフェ

〈地域価値の向上〉

鉄道会社自らが行う駅前環境のリノベーション。それは単体の不動産資産の有効活用を超えて周辺地域の価値向上とその持続性を実現するべきだと考えた。そのためにも本プロジェクトには「こどもたちの駅前ひろば」という、こどもを中心とする多世代が集う場という周辺エリアにも波及し得るビジョン（コンセプト）を込めた。このビジョンに共感する人々が集い暮らし、彼らが当事者意識をもって主体的に街を運営する市民となる事をめざしている。

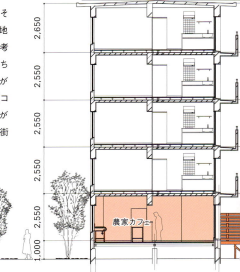

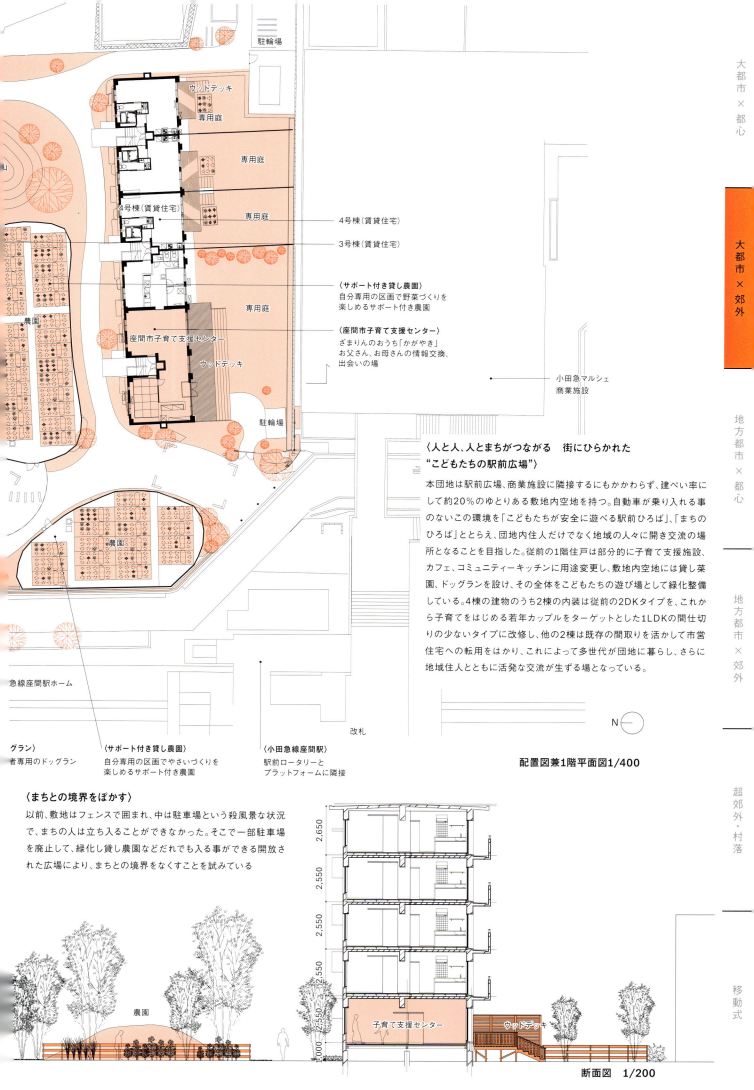

14 広場付き木造賃貸アパート

ヨコハマアパートメント

西田司+中川エリカ／オンデザイン

主な用途	食べる飲む	育てる（植物）	催す	相談する
寝る	学ぶ	遊ぶ	買う売る	展示する
くつろぐ	働く	運動する	借す借りる	治療する
読む	つくる	見守る	あげるもらう	泊まる

〔KEYWORD〕
- 自走性を促す半屋外の共用空間
- 用がない人にもオープンな建ち方
- 木造密集地との境界を曖昧にする

敷地は交通の便が悪く、新たに引っ越してくる人も少ない高齢化の進む街にある。また、周囲の土地は高低差が大きく、木造家屋が密集して建っている。全4戸のこの集合住宅は、こうした場所に、若い人が生き生きと居住や制作、展示を行う木造賃貸アパートとして計画された。4本の三角の壁柱で高く持ち上げられた個室群の下に「広場」と呼ばれる半屋外の共用空間がある。四方に大きな開口を持つオープンな建ち方であり、街への風通しを良くしている。壁柱のまわりに各住戸へアクセスする階段、壁柱のなかに専用の倉庫があり、それぞれの所有物や生活の一部が広場に溢れ出してくる。居住者が月一で、広場で行われるイベントなどの運営について話し合いを行っているが、住人以外のイベントを催すこともあり、他者を受け入れるコンパクトな公共空間となっている。建築を運営する小さな自治が根付きつつあり、活動は自走的である。

〔DATA〕

所在地	神奈川県横浜市西区西戸部2-234
竣工	2009年
設計	西田司+中川エリカ／オンデザイン
建主	個人
運営	自治
施工	伸栄
確認申請上の用途	戸建住宅（間貸）
敷地面積	140.61㎡
建築面積	83.44㎡
延床面積	152.05㎡
専有部	68.61㎡（1住戸あたり17.15㎡）
共用部	82.44㎡
構造・工法	木造
階数	2階
用途地域	第二種中高層住居専用地域

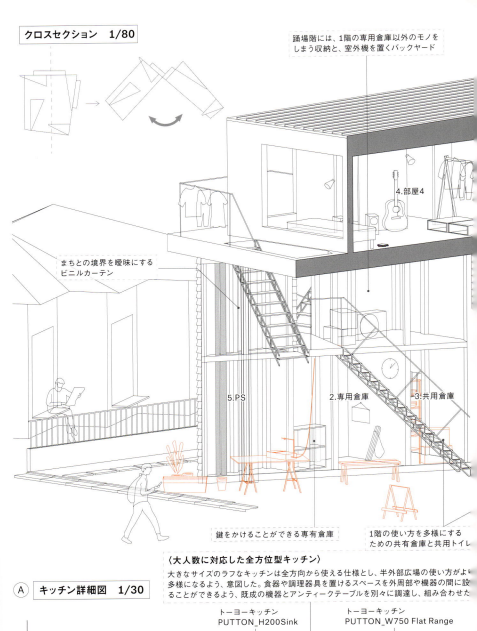

クロスセクション 1/80

踊場階には、1階の専用倉庫以外のモノをしまう収納と、室外機を置くバックヤード

4.部屋4

まちとの境界を曖昧にするビニルカーテン

5.PS　2.専用倉庫　3.共用倉庫

鍵をかけることができる専有倉庫

1階の使い方を多様にするための共用倉庫と共用トイレ

〈大人数に対応した全方位型キッチン〉
大きなサイズのラフなキッチンは全方向から使える仕様とし、半外部広場の使い方がより多様になるよう、意図した。食器や調理器具を置けるスペースを外周部と機器の間に設けることができるよう、既成の機器とアンティークテーブルを別々に調達し、組み合わせた

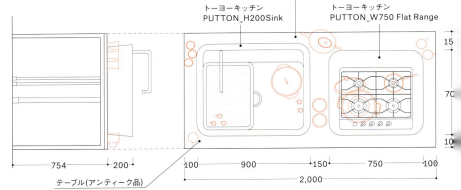

Ⓐ キッチン詳細図 1/30

トーヨーキッチン PUTTON_H200Sink
トーヨーキッチン PUTTON_W750 Flat Range

テーブル（アンティーク品）
754　200　100　900　150　750　100
2,000
15　70　10

Ⓑ 1階アイレベル

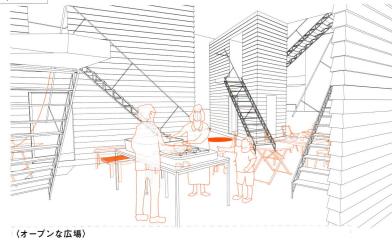

〈オープンな広場〉
半外部広場は、四方に大きな開口をもち、用がない人にとってもオープンな建ち方となっている。

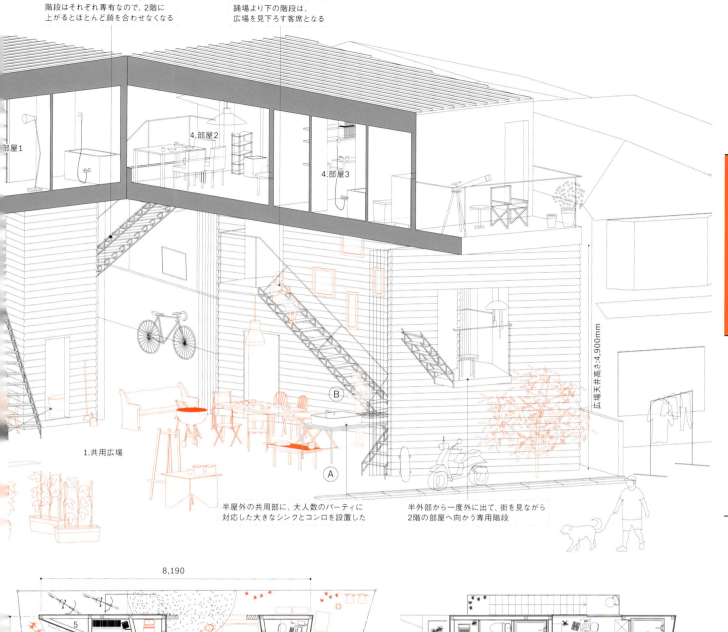

階段はそれぞれ専有なので、2階に上がるとほとんど顔を合わせなくなる

踊場より下の階段は、広場を見下ろす客席となる

広場天井高さ:4,900mm

1.共用広場

半屋外の共用部に、大人数のパーティに対応した大きなシンクとコンロを設置した

半屋外から一度外に出て、街を見ながら2階の部屋へ向かう専用階段

大都市×都心

大都市×郊外

地方都市×都心

地方都市×郊外

超郊外・村落

移動式

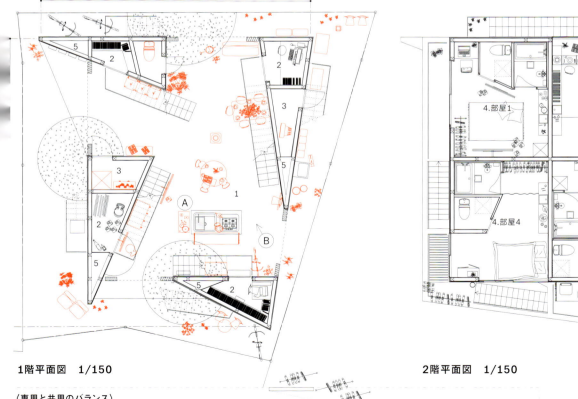

8,190

1階平面図　1/150

2階平面図　1/150

N

1.共用広場　4.部屋(専用)
2.専用倉庫　5.PS
3.共用倉庫

〈専用と共用のバランス〉

2階は田の字プランで4つにわけ、水回りと寝室のみの専用（部屋）とした。4本の三角柱をぐるっと取巻く専用階段は、広場を見下ろすステージでもあり、立体的なバッファーともなっている。三角柱の内部は専用倉庫となっている。それ以外は、すべて共用部である。「共用せざるを得ない」ではなく、「共用すると得をする」、という立ち位置をとると、領域的な開放とはまた違った、清々しい開放的な生活ができるのではないかと考えた。そこで、専用を減らしてでも「選択可能な共用」を徹底的に増やすというスタディを行い、結果的に、専用＜共用というバランスに至っている。

15 タイムシェア型店舗

高島平の寄合所／居酒屋

ツバメアーキテクツ

主な用途	食べる飲む	育てる（植物）	催す	相談する
寝る	学ぶ	遊ぶ	買う売る	展示する
くつろぐ	働く	運動する	借す借りる	治療する
読む	つくる	見守る	あげるもらう	泊まる

〔KEYWORD〕

・タイムシェア
・天井高の違いによる分節
・囲みをつくる平面構成

高島平の寄合所兼居酒屋の計画。高齢化が進む高島平団地の住民たちの暮らしをサポートできる場所をつくるために、クライアントの旦那さんが営む居酒屋の昼間の閉店時間を活用し地域の寄合所をつくってしまおう、というストーリーがこのプロジェクトの始まりであった。各用途に必要な設えを左右の壁に振り分け、天井高を変化させて空間を分節し、寄合所と居酒屋という2つの用途を成立させている。同時に、居酒屋のカウンターと寄合所の窓辺カウンターを対角に設え、全体に囲みをつくる平面構成とする事で、異なる空間でありながらも時間帯によって互いの空間が拡張し、一体的な空間としても使える計画としている。タイムシェアという考え方を動員することで、異なる取組みが展開されるこの施設は、普段は出会わない住民同士を結びつける場所となっている。

〔DATA〕

所在地	東京都板橋区高島平8-4-8 サンハイム高島1F
竣工	2014年
設計	ツバメアーキテクツ
建主	炭火焼JO、ゆずり葉
企画	炭火焼JO、ゆずり葉 ツバメアーキテクツ
運営	炭火焼JO＋ゆずり葉
施工	角屋工務店
確認申請上の用途	飲食店
敷地面積	253㎡
建築面積	193㎡
計画面積	57㎡
構造・工法	鉄筋コンクリート造
用途地域	商業地域

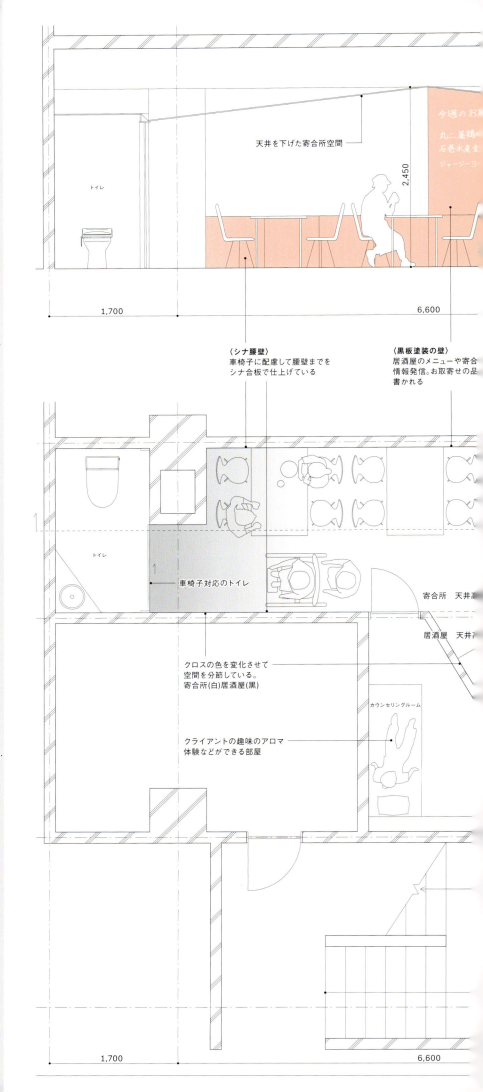

天井を下げた寄合所空間

〈シナ腰壁〉車椅子に配慮して腰壁までをシナ合板で仕上げている

〈黒板塗装の壁〉居酒屋のメニューや寄合情報発信。お取寄せの品書かれる

車椅子対応のトイレ

クロスの色を変化させて空間を分節している。寄合所(白)居酒屋(黒)

クライアントの趣味のアロマ体験などができる部屋

カウンセリングルーム

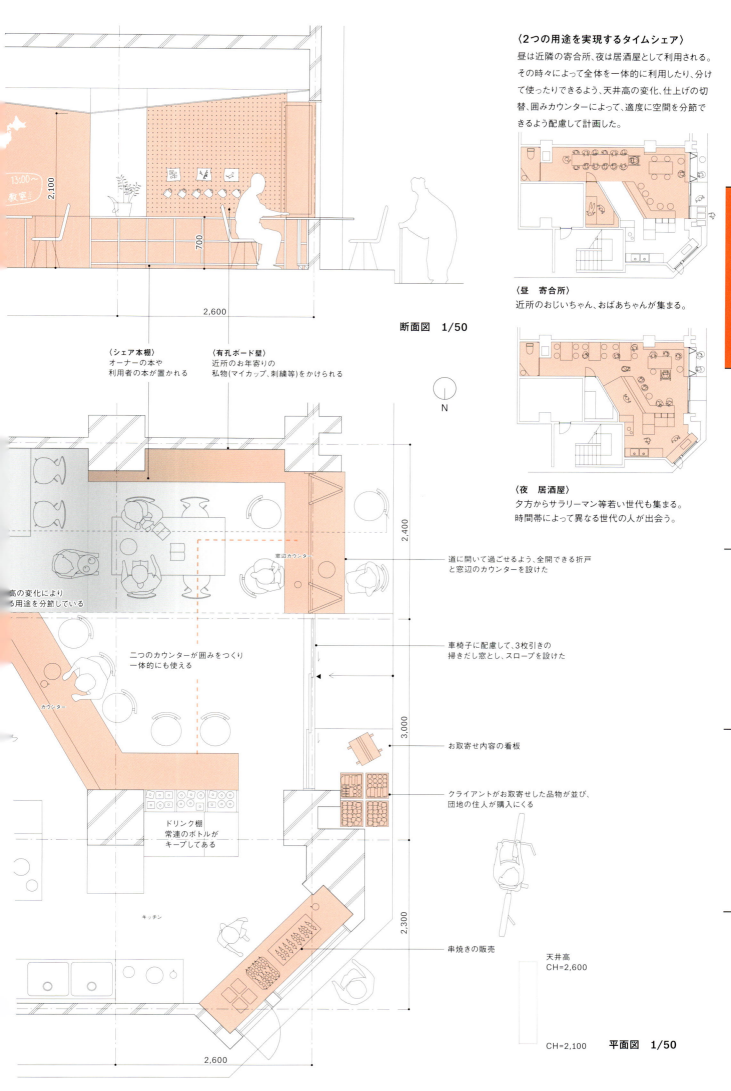

16 大学コミュニケーションカフェ

The University DINING

工藤和美＋堀場弘／シーラカンスK&H

主な用途	食べる飲む	育てる（植物）	催す	相談する
寝る	学ぶ	遊ぶ	買う売る	展示する
くつろぐ	働く	運動する	借す借りる	治療する
読む	つくる	見守る	あげるもらう	泊まる

〔KEYWORD〕

- 多様なシーンへの柔軟性
- 外とつながる空間
- 木梁がつくるワンルーム空間

千葉商科大学の正面近くに位置し、キャンパス内にいつでも学生が自然と集い、新発想が次々と創造される大学生活の新しい拠点を目指した学生食堂。透明ガラスで内外を連続させ、常に周りの緑を感じ、自然界で人が心地よいと感じる1/fゆらぎのリズムを、構造の木梁で再現した。木ピッチの幅を波のように振幅させることで柔らかな環境をつくりだしている。食事だけでなく、ゼミやイベントを開催できる空間。深い軒下は自由な時間を過ごせる。学生、教職員はもとより外部講師や事務職員、近所の方々にとってもリラックスできる憩いの場となっている。

〔DATA〕

所在地	千葉県市川市国府台1-3-1 千葉商科大学
竣工	2015年
設計	工藤和美＋堀場弘／シーラカンスK&H
建主	学校法人千葉学園
企画	シーラカンスK&H＋キャンパス整備委員会
プロデュース・運営	トランジットジェネラルオフィス
内装・家具デザイン	ライン
グラフィックデザイン	ダイアグラム
ベーカリーメニュー監修	自由ヶ丘ベイクショップ
ユニフォームデザイン	フューチャーイン（ヌメロウーノ）
イラスト	関根正悟
プロジェクトアドバイス	パラグラフ
施工	竹中工務店
内装施工	乃村工藝社
確認申請上の用途	大学（学食）
敷地面積	75,994㎡
建築面積	1,213㎡
延床面積	1,120㎡
構造・工法	鉄骨造一部木造
階数	1階
用途地域	第一種中高層住居専用地域

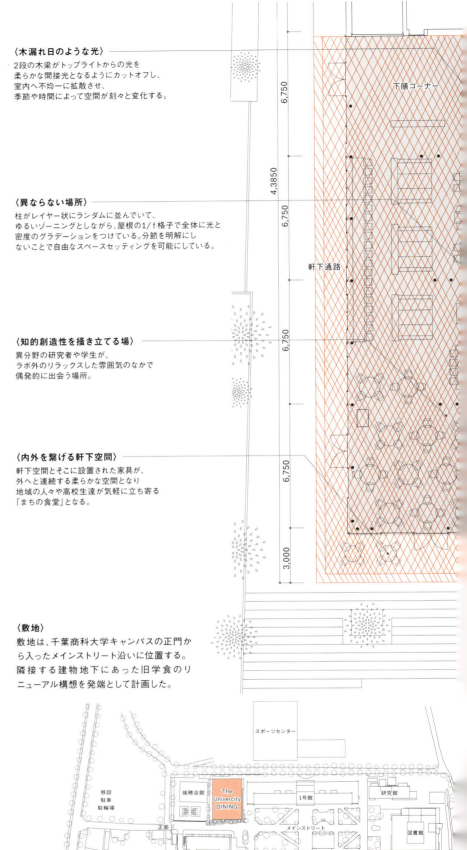

〈木漏れ日のような光〉
2段の木梁がトップライトからの光を柔らかな間接光となるようにカットオフし、室内へ不均一に拡散させ、季節や時間によって空間が刻々と変化する。

〈異ならない場所〉
柱がレイヤー状にランダムに並んでいて、ゆるいゾーニングとしながら、屋根の1/f格子で全体に光と密度のグラデーションをつけている。分節を明解にしないことで自由なスペースセッティングを可能にしている。

〈知的創造性を掻き立てる場〉
異分野の研究者や学生が、ラボ外のリラックスした雰囲気のなかで偶発的に出会う場所。

〈内外を繋げる軒下空間〉
軒下空間とそこに設置された家具が、外へへ連続する柔らかな空間となり地域の人々や高校生達が気軽に立ち寄る「まちの食堂」となる。

〈敷地〉
敷地は、千葉商科大学キャンパスの正門から入ったメインストリート沿いに位置する。隣接する建物地下にあった旧学食のリニューアル構想を発端として計画した。

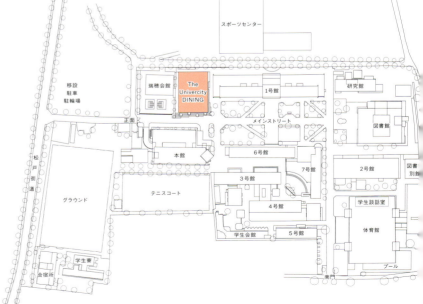

配置図 1/4

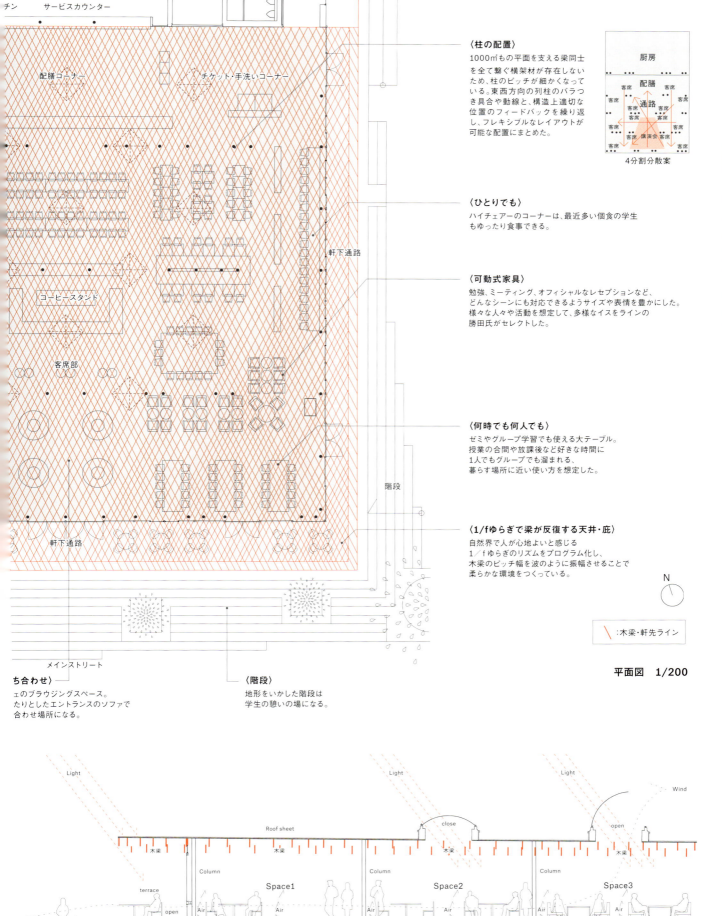

17 複合型文化交流施設

武蔵野プレイス

kw+hg アーキテクツ

主な用途	食べる飲む	育てる（植物）	催す	相談する
寝る	学ぶ	遊ぶ	買う売る	展示する
くつろぐ	働く	運動する	借す借りる	治療する
読む	つくる	見守る	あげるもらう	泊まる

〔KEYWORD〕

・人をやわらかく包み込む空間
・互いに関係し合う空間群
・ばらばら性とつながり性の同時存在

武蔵境駅前に建つ4つの機能（図書館・生涯学習・市民活動・青少年活動）をもつ複合公共施設。建物全体は、天蓋のような小さな空間の集合体としてできている。それぞれの空間は、壁と天井が曲面状に連続し、スペースごとに異なる光や色彩、残響がもたらす程よいざわめきによって、人々をやわらかく包み込んでいる。これらの空間群は、複雑な器官のようにすべてがつながっており、さまざまな活動が独立性を維持したまま、同時に混じり合うようにデザインした。あらゆる世代の人々がそれぞれの居場所を見つけられ、ゆるやかな公共性が自然に生まれてくるような、新しいタイプのパブリックスペースをめざしている。

〔DATA〕

所在地	東京都武蔵野市境南町2-3-18
竣工	2011年
設計	kw+hg アーキテクツ
建主	武蔵野市
企画	kw+hg アーキテクツ＋武蔵野市
運営	公益財団法人 武蔵野生涯学習振興事業団
施工	フジタ・白石・清本建設共同企業体
確認申請上の用途	図書館
敷地面積	2,166.2㎡
建築面積	1,571.47㎡
延床面積	9,809.76㎡
構造・工法	地上：鉄骨鉄筋コンクリート造 地下：鉄筋コンクリート造
階数	地上4階、地下3階
用途地域	商業地域

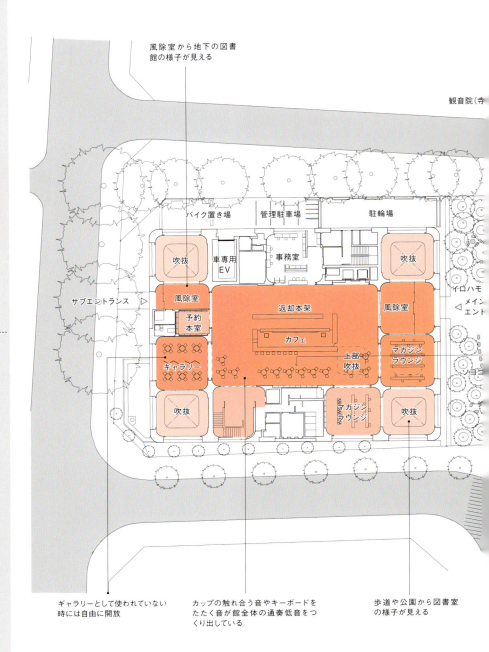

B1階メインライブラリー平面図　1/600

ゆったりとした楕円状の芝生の広場を囲うようにベンチやテーブル等を配置し、互いに関係ない人たちどうしで芝生で遊ぶ子どもたちを見守っているような、ゆるやかな協働性、ひいては「ほのかなわれわれ性」が生まれる

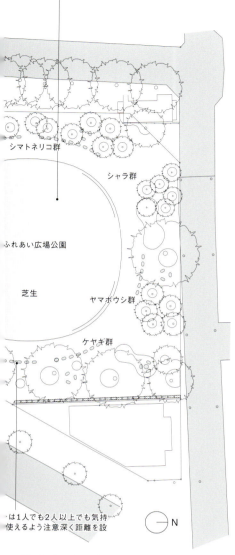

1階パークラウンジ平面図＋公園配置図　1/600

年齢が低いほど奥の方のスに配置。
してもよい環境が子どものふるまいを引き出す

武蔵境の地域性を配慮し、親子で楽しめる図書をセレクトして配架している

2階コミュニケーションライブラリー平面図　1/600

るスペースに次々とつながり、
との単位を超えて活動の連
れている

吹抜けを通してほどよい
ざわめきに包まれる

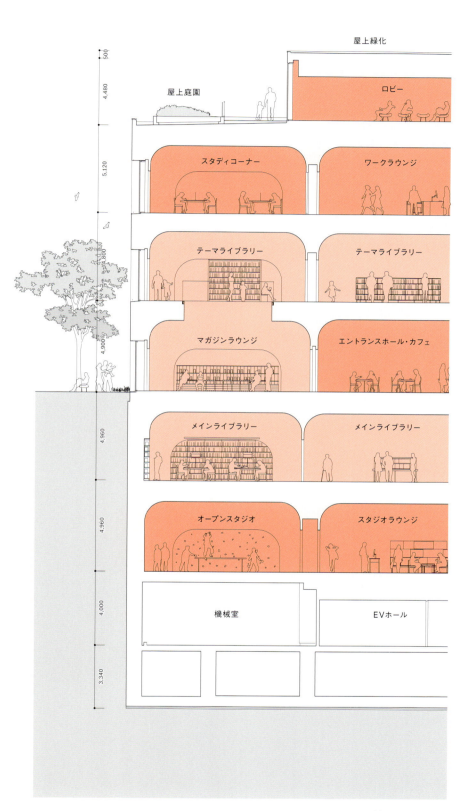

断面図　1/200

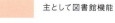

主として図書館機能

その他のパブリック機能

大都市×都心

大都市×郊外

地方都市×都心

地方都市×郊外

超郊外・村落

移動式

18 シェアハウス

LT城西

成瀬・猪熊建築設計事務所

主な用途	食べる 飲む	育てる（植物）	催す	相談する
寝る	学ぶ	遊ぶ	買う 売る	展示する
くつろぐ	働く	運動する	借す 借りる	治療する
読む	つくる	見守る	あげる もらう	泊まる

〔KEYWORD〕

- 立体的な構成
- 廊下がない
- 100㎡の共有部

この建築は、13人の単身者が共に住まうためのシェアハウスだ。シェアハウスは通常リノベーションでつくられるが、この建築は新築であるため、その自由さを活かして全く新しいシェアハウスのプロトタイプをつくることを意図した。
具体的には、木造の慣習的なモジュールを用いながら2間モジュールのグリッドに13の個室を立体的に配し、建物の高さを2.5層分に調整することで複雑な凹凸をもつ立体的な空間をつくり出した。共用部が廊下を兼ねているため、広々とした空間を合理的につくり出すことができ、共用のリビングやダイニング、アルコーブがひとつながりになりながら分散することで、血縁関係にない人どうしが集まって生活する家として様々な使い方と距離感が生み出されている。

〔DATA〕

所在地	愛知県名古屋市西区城西3
竣工	2013年
設計	成瀬・猪熊建築設計事務所
建主	個人
企画	成瀬・猪熊建築設計事務所
運営	デクーン
施工	ザイソウハウス
確認申請上の用途	寄宿舎
敷地面積	629.06㎡
建築面積	169.95㎡
延床面積	321.58㎡
専有部	172.24㎡（一戸当たり13.24㎡）
共用部	149.34㎡
構造・工法	木造
階数	2.5階
用途地域	第一種住居地域

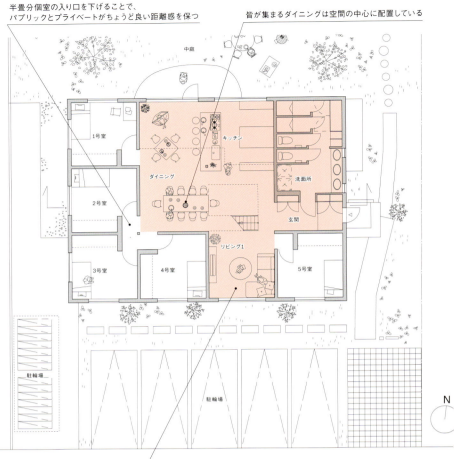

配置図兼1階平面図　1/20

DIAGRAM

Private space

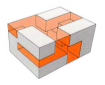

Integration

Common space

〈専有部と共用部の関係〉

グレーが個室、オレンジが共用スペースを示す。プライベートな個室を立体的に組み合わせた残りの空間が共用スペースになっている。共用空間は、凹凸のある複雑な形をしている。

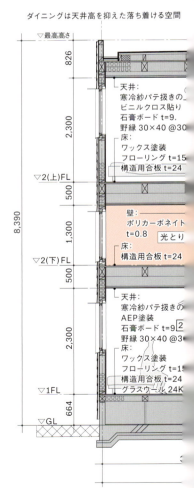

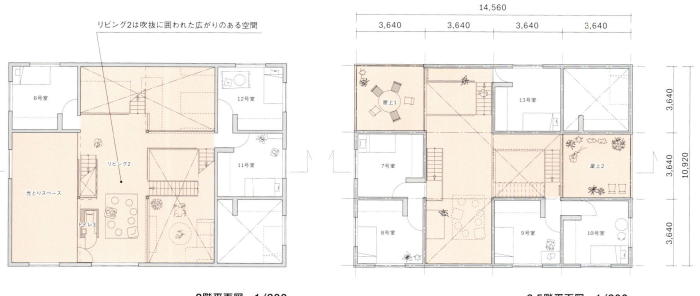

2階平面図　1/200　　　　　　　　　2.5階平面図　1/200

〈収益性と空間的豊かさの両立〉

本建築は全個室を7.5畳ずつ確保しながらも、延べ床面積を人数で割ると、一人当たりの専有面積が約23㎡となり、周辺の新築のワンルームマンションと同等かそれ以上の面積効率である。廊下をつくらず全ての共用部を生きた空間とすることで、無駄のない面積配分を実現した。

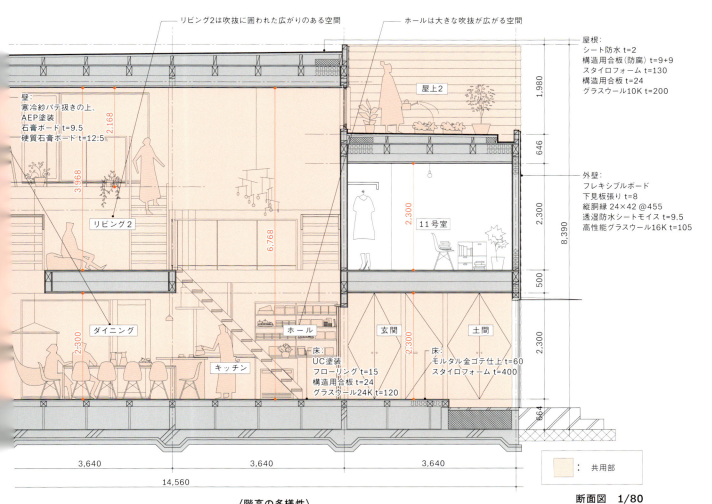

断面図　1/80

〈階高の多様性〉

2.5層分の階高をもち、それぞれのスペースを多様な場としてつくっている。例えば、玄関、ダイニング、個室は1層分の階高、リビングは1.5層、キッチン、ホールは2.5層となり、有機的な場を構成している。それぞれのスペースの性質が変わることで、住人は各々好きな場所を選び取って、自由に過ごせる。

19 イノベーションセンター

柏の葉オープンイノベーション・ラボ（31 VENTURES KOIL）

成瀬・猪熊建築設計事務所

主な用途	食べる飲む	育てる（植物）	催す	相談する
寝る	学ぶ	遊ぶ	買う売る	展示する
くつろぐ	働く	運動する	借す借りる	治療する
読む	つくる	見守る	あげるもらう	泊まる

【KEYWORD】
- フロアを貫通するパブリックスペース
- 天井高、色温度、仕上、家具でつくる多様性
- 未完成さがつくる冗長性

イノベーションセンターとは、企業や個人が従来の枠組を超えて協働するプラットフォームのような場所である。KOILでは分野を横断するコミュニケーションを円滑にするため、天井高さ・照明の色温度・仕上げに多様性をもたせながら、様々な機能をパブリックゾーンを中心に展開させた。利用者は各々が場所を自由に選び取って仕事をし、共用の機能をシェアすることで、他の利用者と接触が生まれる。
それぞれの利用目的に合わせて空間を設計することは、制約を増しているようであるが、全体としての多様性によって、利用目的も頻度も全く異なる様々なワークスタイルに対応することができる。結果この空間は、従来のフラットなオフィスでは持ちえない冗長性を獲得している。

【DATA】
所在地	千葉県柏市若柴178-4 柏の葉キャンパス148街区2 ゲートスクエア ショップ＆オフィス棟6F
竣工	2014年
設計	成瀬・猪熊建築設計事務所
建主	三井不動産
企画	三井不動産、ロフトワーク
運営	三井不動産
施工	乃村工藝社
確認申請上の用途	事務所
計画面積	2,576㎡
構造・工法	鉄骨鉄筋コンクリート造、鉄筋コンクリート造、一部 鉄骨造
用途地域	商業地域

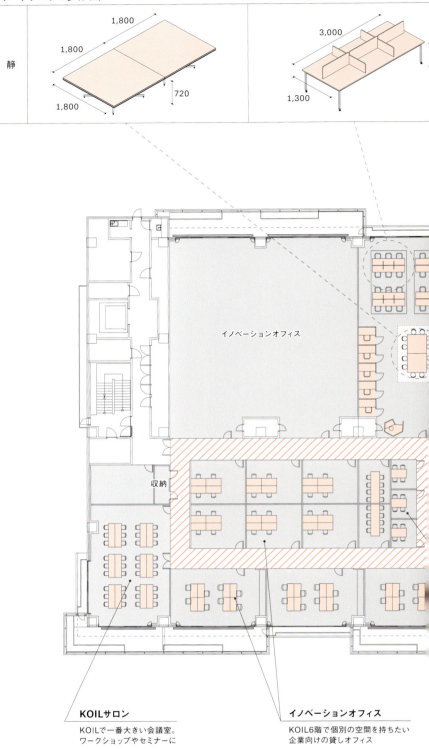

〈ワークデスクの多様性〉

KOILサロン　KOILで一番大きい会議室。ワークショップやセミナーに

イノベーションオフィス　KOIL6階で個別の空間を持ちたい企業向けの貸しオフィス

〈KOILスタジオの多様な使い方〉
可動台を多様に組み合わせることで、様々なイベントシーンを想定した。

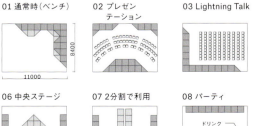

01 通常時（ベンチ）　02 プレゼンテーション　03 Lightning Talk　04 短辺ステージ／ワークショップ　05 長辺ステージ／シンポジウム
06 中央ステージ　07 2分割で利用　08 パーティ　09 ヨガ教室　10 展示として利

可動台　H=200　H=400　H=800

KOILパーク
KOILの中心となる約170席のコワーキングスペース

KOILファクトリー
KOILのプロトタイピングスペース。アイデアをすぐ形にできるツールを完備

ミーティングルーム
大小さまざまな貸し会議室

家具図 アクソメ

受付

Cafe
KOILのリラックススペース。仕事や作業につかれたときに

- ■ : CH=2,600
- □ : CH=3,000
- □ : CH=4,000
- □ : CH=5,000
- ▨ : パブリック部分

テラス

N
平面図 1/350

ミーティングルーム

KOILスタジオ
KOIL最大のイベントスペース。大規模のカンファレンスにも対応

〈天井高さの多様化〉
通常のオフィスは、プランの可変性のためにシステム天井とOAフロアで成立している。しかし、KOILでは天井に様々な高さを与えるためにシステム天井を中止し、全体の設計を行った。

〈床・壁仕上げの多様化〉
床や壁の仕上げを綺麗なものからラフなものまで、多様なものを組み合わせることで、ある種の固定的なスタイルを回避した。

〈照明色温度の多様化〉
ワークスペースの環境、利用者の気持ちの弛緩に合わせて、様々な色温度の照明を用意した。

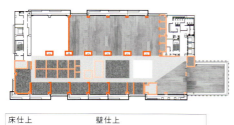

床仕上
- ■ : フローリング
- ■ : タイルカーペット
- □ : Pタイル
- □ : ゴムタイル

壁仕上
- □ : PBの上クリア塗装
- □ : フレキシブルボード貼り
- □ : AEP塗装
- □ : パイン材突板

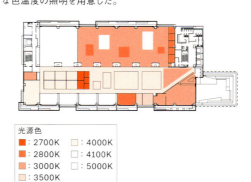

光源色
- ■ : 2700K
- ■ : 2800K
- ■ : 3000K
- □ : 3500K
- □ : 4000K
- □ : 4100K
- □ : 5000K

大都市×都心

大都市×郊外

地方都市×都心

地方都市×郊外

超郊外・村落

移動式

20 地域連携型商業施設

中央線高架下プロジェクト
コミュニティステーション東小金井／モビリティステーション東小金井

リライト_D

主な用途	食べる飲む	育てる(植物)	催す	相談する
寝る	学ぶ	遊ぶ	買う売る	展示する
くつろぐ	働く	運動する	借す借りる	治療する
読む	つくる	見守る	あげるもらう	泊まる

〔KEYWORD〕

・高架下へのエントランスをつくる
・部分と全体を分離させた構成
・様々な"余白"で満たされた高架下の空間

JR中央線の連続立体交差事業により生まれた高架下の遊休地を、地域に根差した飲食店や雑貨店、レンタルサイクルポートなどで構成される地域の回遊拠点として利活用した事例である。建物用途としては商業施設であるが、平面的にも断面的にも様々な「余白」で満たされた、ゆとりのある心地の良い場の創出を目指しており、許容容積率の大部分を消化していない。このようなプロジェクトの性質上、建築設計のみならず、企画立案、事業計画、リーシング支援など、総合的に関与する必要があった。今後は施設管理者として、地域と連携したイベントを定期的に企画していくことで、施設運営に関わり続けることになっている。このような取り組みを継続することで、地域に根差す公共的性質を兼ね備えた商業施設のイメージを示すことが出来るのではないかと考えている。

〔DATA〕

所在地	東京都小金井市梶野町5
竣工	2014年
設計	リライト_D
建主	JR中央ラインモール
企画	リライト_C、リライト_D
運営	JR中央ラインモール、リライト_C
施工	菊池建設
確認申請上の用途	物販店舗、飲食店
敷地面積	2,128.61㎡
建築面積	693.22㎡
延床面積	693.22㎡
構造・工法	鉄骨造
階数	1階
用途地域	第一種住居地域、第一種低層住居専用地域

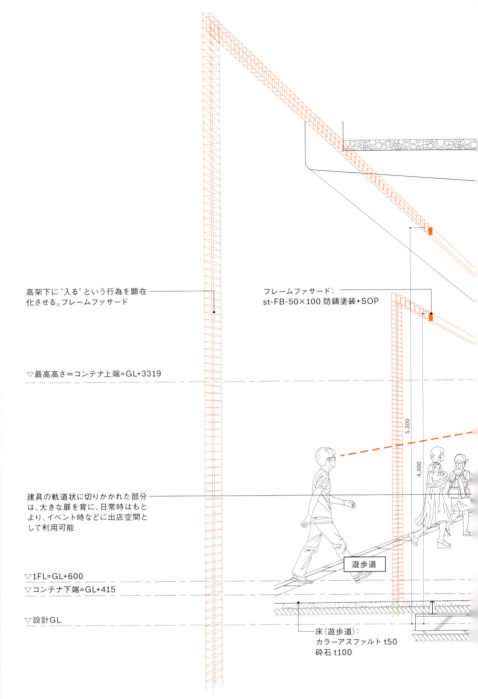

〈部分と全体を分離させた構成〉

建物本体は海洋コンテナのモジュールで統一した20ft型コンテナ40個で構成している。構造的には鉄骨造の純ラーメンであり、建築確認はコンテナ部分のみで申請している。一方でスチールの無垢材で構成したフレームファサードは、塀や門扉と同様、確認申請が準用されない工作物として位置付け、施工・構造・法規的に部分と全体を切り離すことで、コストや工程管理、合意形成上の調整を受け入れることを可能にする構成となっている。

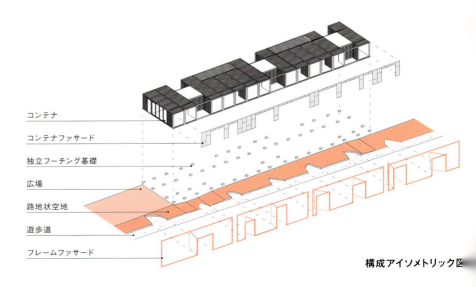

構成アイソメトリック図

〈様々な"余白"で満たされた高架下の空間〉

高架下の薄暗いイメージを払拭するために、建物本体の高さをなるべく抑えることで、歩道から反対側の空が見えるようにし、敷地中央には地域に開いた大きな広場を配置した。また、高架下全体が室内のような一体感のある空間となることを期待し、敷地の前面道路側を白いスチールフレームのファサードで覆っている。

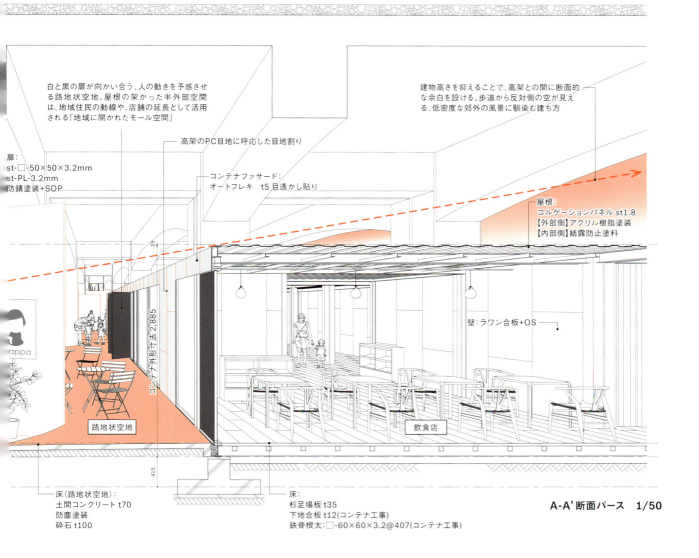

A-A'断面パース　1/50

〈高架下へのエントランスをつくる〉

白いフレームファサードには建具を拡大したような記号的な表現を実装させ、高架下に"入る"という行為を顕在化させることを試みた。
また、建物本体の入り口を黒い外開き戸とすることで、白と黒の扉が向かい合う、人の動きを予感させる路地空間をつくり出している。

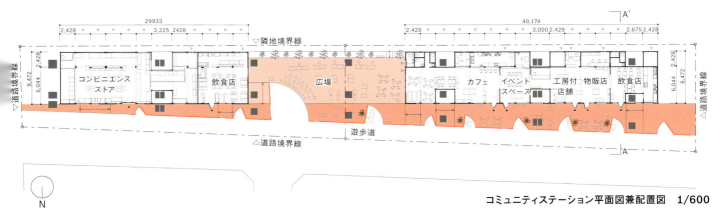

コミュニティステーション平面図兼配置図　1/600

コミュニティステーション立面図　1/600

Interview｜籾山真人／中央線高架下プロジェクト運営者・株式会社リライト代表取締役

プロジェクトの前提から
関われる体制をつくり
新しい地域の場を生み出す

——中央線高架下プロジェクトを中心にお話を伺いたいと思っています。まずは、プロジェクトが始まった経緯を教えていただけますか？

籾山 プロジェクトが始まる以前から、中央線沿線には関わりをもっていました。2009年に、私の地元・立川のコミュニティFMでまちづくりをテーマにした取り組み（東京ウェッサイ）を始めたことをきっかけに、2010年には立川のシネマ通りという商店街で、空き店舗を活用するプロジェクトをスタート。空き店舗をオーナーから借り上げ、コミュニティカフェやシェアオフィスにリノベーションし、施設運営を行いました。私を含め、メンバーは皆それぞれ別々の組織に所属していたので、このころはまだ仕事というよりも"課外活動"といった感じでしょうか。

次第に立川周辺の人たちとつながりができ、仕事としても中央線沿線での関わりが増えていく中、2012年に始まったのがこのプロジェクトです。クライアントは中央線の高架下開発を担う、JR中央ラインモールというJRの子会社。当時、JRが進めていた三鷹〜立川間の高架化工事が完了し、全長9km、7万㎡の新たな空間が生まれました。以前から高架下空間の活用を積極的に行っていたJRとしては、なんとかこの土地を中央線の沿線価値向上に活用したいと考えていたのです。

しかし、これまで都心部で行っていた高架下開発の手法は、いわゆる駅型商業施設のようにナショナルチェーンストアの入居を前提とし、高額な賃料設定によって、少なくない工事費を捻出するもの。果たして郊外で同じようなアプローチが成り立つのだろうか、そして持続可能性はあるのだろうか、という疑問がありました。そこで、郊外ならではの魅力ある高架下空間活用のプロトタイプを開発していこうということで、我々も構想段階から関わり始めたわけです。

そのときキーワードにしたのは「地域コミュニティ」。いかに地域住民を巻き込み、パブリックスペースの活用・運営を自分事として捉えてもらうか、一緒に"場"をつくっていこうと思ってもらうか、ということでした。

——そこからどうやって地域を巻き込んでいったのでしょうか？

籾山 第1段階としては、『ののわ』というエリアマガジンを制作しました。エリアマガジンの目的は、地域の隠れた魅力を掘り起こし、発信していくこと。考えてみると、ふだん私たちは、自分が暮らしているひとつ隣駅のことすら、あまり知らないですよね。まずマガジンを手に取ってもらい、それをきっかけに自分の街はもちろん、電車に乗って隣町を散策してもらう。そうして街の回遊性を高めていくことを目指しました。

編集方針としてこだわったのは、既存の駅型商業施設に入居するナショナルチェーンストアではなく、地域の魅力的な個人店を中心に紹介していったこと。また、エリアマガジンには、もうひとつ重要な意味がありました。それは、第2段階以降で地域に入り込んでいくための"ドアノックツール"としての役割です。

第2段階では、エリアマガジンの発行と合わせて、毎月ゲストを招いたトークイベントを実施、地域とのリアルな接点をつくることを試みました。トークイベントに出てもらうことで、ゲストにとっても、この取り組みを自分事として捉えてもらえるようになり、徐々にこのプロジェクトの味方が増えていく。さらに、まちづくりに対して興味や関心の高い層との接点をつくることもできました。

当初は、地域で活動している人をゲストに招いた対話形式で20人程度の小さな規模からスタートしましたが、最終的には著名人との対談形式とすることで、各回100人規模にまで拡大。トークイベントに加えて、街歩きや食を通じた参加型のイベントを少しずつ増やしながら、コミュニティづくりを進めました。もちろん、毎号巻頭にイベントのレポートを掲載するなど、マガジンとも連動も図っていきます。

こうして少しずつ応援してくれる方が増え、ボランティアメンバーも集い、プロジェクトを自主的に支える「ののわネットワーク」の取り組みが活発化。特にウェブマガジン向けの地域ライターネットワークには100名以上が登録、毎月行っていた勉強会にも20名程度が参加し、毎月5〜10本の記事がアップされるようになりました。

ここまできてようやく第3段階。「こうした地域活動や、地域コミュニティの受け皿になるような場所が必要だよね」という機運が高まっていったわけです。同時に、公共セクターがつくるお金を生み出さないコミュニティスペースではなく、民間企業がつくるべき場とはなんなのか、ということも問われました。

人が集まる場所には、にぎわいが生まれ、にぎわいがある場所には商いが生まれます。そこで、我々がテーマにしたのは「小商い」。地域の人たちが参加し、関われるような商業施設であれば、場づくりの原資を捻出しつつ、コミュニティスペースとしての事業継続性も担保することができるのではないかと考えました。

こうして前提条件となるコンセプトづくりから始まり、事業計画や事業収支、テナントリーシングから建築設計まで、幅広くプロジェクトに関わることとなりました。

——場づくりの前提条件としてどのような仕組みを取り入れたか教えていただけますか？

籾山 計画段階から具体的なテナントを想定してヒアリングを重ね、そこからはじき出した賃料収入から逆算して事業収支を組みました。建物躯体にはコンテナを用い、設計期間、施工期間を短縮しました。

施設には大きく分けて、コミュニティ区画（5区画、7テナント）と、一般店舗区画（2区画）があり、それぞれ異なる賃料設定をすることで全体の事業収支をコントロールしており、施設に入居するナショナルチェーンストアはコンビニのローソンのみとなっています。

コミュニティ区画は、段階賃料とすることで、入居時の初期費用を抑え、地域ならではのテナントに入ってもらうことを目指しました。中でも工房付きの区画については、40㎡を3組のクラフト作家でシェアすることで、1組あたりの負担を減らす工夫をしています。個人で活動する作家さんは全国各

路地上の半屋外空間ではテナントや地域団体によるイベントが定期的に開催されている

地で開催されるクラフトマーケットなどに出店することも多く、区画をシェアすることで店番を当番制にできるなど、さまざまなメリットもありました。
また、開業後も我々が長期的に施設運営にコミットするための仕組みとして、コミュニティ区画の一部（4区画、6テナント）に関しては、サブリースする形をとっています。業務委託で運営に関わるという方法もありましたが、我々自身もテナントさんと同じ立場で一緒に場づくりする姿勢を見せる。それも、開業後の運営に良い形でコミットすることができている理由ではないかと思います。

——事業主のスタンスからすると、容積率を最大限に使って欲しいという要望があると思うのですが、今回はそうなっていません。そこはどのようにして説得して行ったのでしょうか？

籾山 通常は貸し床面積の最大化を前提にするため、結果的に過大な施設をつくってしまいがちです。一方、この取り組みでは、郊外ならではの「地域住民を巻き込んだ場づくり」が求められていました。
高架下ということもあって、フレキシブルな用途に使える半屋外空間のような場をつくれば、イベントスペースなどとして十分に機能します。そういった意味では、"稼ぐ床"と"そうではない床＝余白"を明確に位置づけることで、内部空間は必要最低限でコンパクトな計画としました。

——余白のつくり方としてはどんなことに配慮して進めていったのですか？

籾山 「スクリーン」と呼ばれる扉を模した白いフレーム状の工作物を設置することで、建物との間に店舗のにぎわいが溢れるような路地状の半屋外空間（セミパブリックスペース）を、また敷地中央には地域と連携したイベントが催される大きな広場（パブリックスペース）などを設えました。
施設のエントランスのメタファーである「スクリーン」によって、内部空間だけではなく、半屋外空間や広場を含めて一体の施設と捉える。こうした余白によって、高架下はさまざまな地域活動を受け入れる公共的性質を兼ね備えたスペースとなるのです。
また、セミパブリックスペースは契約上の面積に入っているため、各テナントが自由に使うことができます。お店の営業時にはテーブルやイスが置いてオープンカフェにしたり、商品を並べたり。イベント時には外部出店者の販売ブースにもなる、という仕組みです。

——イベントはどれくらいの頻度でどのように運営されているんですか？

籾山 「家族の文化祭」という施設全体のイベントは半年に1回。これ以外にも、テナントさんが自主的に企画したり、地域団体が持ち寄ったり、さまざまなイベントが定期的に開催されています。
たとえば「家族の文化祭」は、企画だけではなく出店者調整から当日の運営まで、入居者が主体となり、周辺地域の小規模事業者を巻き込んで開催するイベントになっています。これまでに3回開催し、施設入居テナントを含め約30組が出店、来場者数も徐々に増え、開業2周年として開催したイベント（2016年11月）は来場者が4900名／日を超えるなど、地域に根ざした取り組みとして成長しつつあります。
一方で、こうしたイベントは当初、事業主が大部分の費用負担を行っていました。徐々に運営をテナント主体の体制に移行し、事業主の費用負担を抑えることで、取り組み自体の持続可能性を高めています。

——事業計画から、設計、さらにその後の運営まで関われる状況をつくり出せた事が、このプロジェクトを上手く進められたことに繋がっていると思うのですが、事業チームと設計チームのバランスはどのように取っているのでしょうか？また、籾山さんの立場から、建築家にどんなことを求めていますか？

籾山 まず我々の組織には、デベロッパーでいういわゆる「事業チーム」のような明確な役割は存在しません。もちろん企画を中心に行っているメンバーもいますが、彼らも不動産の専門家ではありません。
前提になるのは、設計者に限らず、プロジェクトに関わるすべてのメンバーが事業について理解し、その場所がどう使われるのかという視点を持つこと。そして、施主と我々が直接対話できる組織をつくり、プロジェクトの前提から関われる体制にもっていくことが重要だと考えています。そうでないと、ものづくりが"狭義のデザイン"にとどまってしまって、"広義のデザイン"ができないのではないでしょうか。
建築家の仕事は、アーティストや作家としての側面も持つ一方で、あくまでクライアントありきの職能であるともいえるでしょう。職能が多様化し、複雑化している現代において、我々の世代の建築家が"広義のデザイン"にたずさわれているのかは疑問です。まずはクライアントと真摯に向き合い対話を重ねたうえで、「作品」がどう社会と接続し、新しい価値の創出にどう貢献するのかを日々考えること。我々の暮らしを豊かにしてくれる場を増やすためには、そんな当たり前のことを続けていくしかないと感じています。

右から6番目が籾山氏
©ryoma suzuki

籾山真人（もみやま まさと）株式会社リライト代表取締役 1976年東京都立川市生まれ。2000年東京工業大学社会工学科、2002年同大学院修了。2002年アクセンチュア入社。2008年リライト設立。中央線高架下プロジェクト（P.58）を始め、プロジェクトの前提からコミットすることで、これまでにない新しい価値を創出するプロジェクトを多く手掛ける。グッドデザイン賞2016 地域づくり賞（コミュニティステーション東小金井）等。

21 複合型文化交流施設

えんぱーく

柳澤潤／コンテンポラリーズ

主な用途	食べる 飲む	育てる (植物)	催す	相談する
寝る	学ぶ	遊ぶ	買う 売る	展示する
くつろぐ	働く	運動する	借す 借りる	治療する
読む	つくる	見守る	あげる もらう	泊まる

〔KEYWORD〕
- 壁柱で「囲みながら開く」システム
- 中心をつくらない構成
- 廊下をつくらない共用部

長野県塩尻市大門地区の中心市街地活性化の拠点として、図書館を中心に市民サロン、会議室、多目的ホール、商工会議所、民間オフィス等からなる複合建築である。塩尻市は現在人口約68,000人、かつては商店街で賑わっていたこの大門地区の活気を取り戻し、人の流れを生みだすことが大命題であった。地方の寂れてゆくシャッター商店街に対し、壁柱（かべばしら）と呼ばれる97本のプレキャストコンクリート造の薄い構造壁をランダムに林立させた。さらに市民が自発的に活動できるオープンスペースを通常の倍程度組み込んだ。空間に適度な密度感と緊張感を生みだし、市民の活動がどこにいてもお互い見え隠れするような建築、いわゆる閉じた空間を一切持たない建築を目指した。

〔DATA〕
- 所在地　長野県塩尻市大門一番町12-2
- 竣工　2010年
- 設計　柳澤潤／コンテンポラリーズ
- 建主　大門中央通り地区市街地再開発組合
- 企画　塩尻市
- 運営　塩尻市
- 施工　北野建設・松本土建特定建設工事共同企業体
- 確認申請上の用途　図書館、市民交流センター、事務所、飲食店舗
- 敷地面積　4,937.45㎡
- 建築面積　3,388.71㎡
- 延床面積　11,901.64㎡
- 構造・工法　鋼板鉄筋コンクリート造、基礎免震構造、一部鉄骨造
- 階数　地下1階、地上5階
- 用途地域　商業地域

〈壁柱がつくる多様な場〉

プレキャストコンクリート＋片面鋼板で構成された厚さ206mm、高さ11.4mの薄い壁柱の幅は1,250mm、2,500mm、3,750mm、5,000mmの計4種類で、これらを1,250mmのグリッドの中に注意深く配置していく。図書館、市民サロン、フリーコミュニティ、会議室、多目的ホールといったそれぞれのプログラムにおける機能性を担保しながら様々な使い方を促し、お互いの活動がつながっていくような場を形成する。

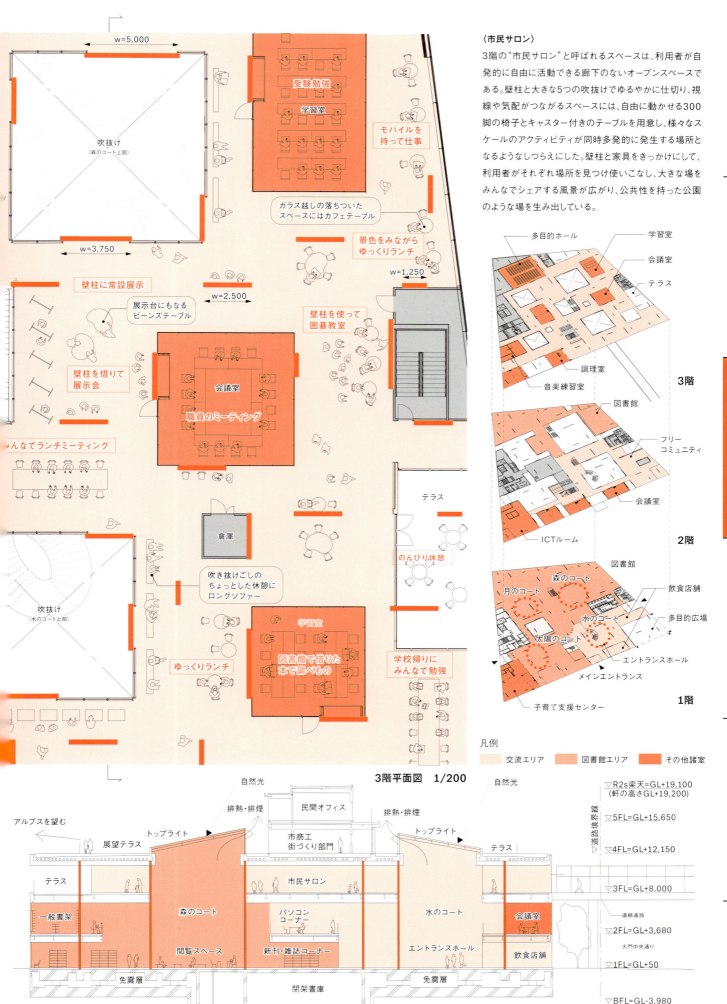

22 広場付き複合型市庁舎

アオーレ長岡

隈研吾建築都市設計事務所

主な用途	食べる飲む	育てる(植物)	催す	相談する
寝る	学ぶ	遊ぶ	買う売る	展示する
くつろぐ	働く	運動する	借す借りる	治療する
読む	つくる	見守る	あげるもらう	泊まる

〔KEYWORD〕

・まちとつながるネットワーク型市庁舎
・人々が集う屋根付き広場「ナカドマ」
・機能が混ざり合うモザイクプラン

アオーレ長岡は2004年の中越地震の際に、防災拠点として必要な耐震性が不足していた旧市庁舎を街の中心部である長岡駅前に建替え、移転し、災害時の機能強化を図っている。
既存ビルの有効活用や再開発ビルの活用などにより意識的に分散配置を行い、中心市街地に溶け込むことで「市民協働・交流の拠点」となる市庁舎を目指した。周辺施設を含めて1,100人を超える職員の移転や市民活動施設の併設により、職員・市民の「ついで行動」を促し、街と互いにシェアする事で街の魅力の向上を見据えている。

〔DATA〕

所在地	新潟県長岡市大手通1-4-10
竣工	2012年
設計	隈研吾建築都市設計事務所
建主	長岡市
運営	長岡市、NPO法人ながおか未来創造ネットワーク、NPO法人市民協働ネットワーク長岡
施工	大成・福田・中越・池田シティホール建築工事特定共同企業体
確認申請上の用途	市役所本庁舎(事務所)、集会所、自動車車庫、店舗・飲食店、銀行支店、屋根付き広場
敷地面積	14,938.81㎡
建築面積	12,073.44㎡
延床面積	35,492.44㎡
構造・工法	鉄筋コンクリート造(一部鉄骨造、プレストレストコンクリート造)
階数	地下1階、地上4階
用途地域	商業地域

〈ネットワーク型市庁舎〉
市庁舎というボリュームではなく、「市庁舎」のまわりを漂う活動、すなわち窓口・議会・アリーナ・ホールを許容する、市民のためのボイド「ナカドマ」をつくろうとした。飲食店や駐車場を最小限にする事で、足りない分はまちのレストランやコインパーキングを利用するというシェアの関係が生まれる。

これまでの市庁舎 → アオーレ長岡

〈立体的な活動を生み出し、雪から市民を守る大屋根〉
ナカドマに面して各棟に市民協働センターやホワイエ、ホール、アリーナのような市民の為のスペースをモザイク状に点在させている。また、市役所の機能もナカドマやテラスを介して接続されることで、職員の行き来が市民スペースと混ざり合うように計画している。大きな屋根が各棟をつなぐ事で、雪から市民を守ると同時に立体的な賑わい感や全体の一体感を増幅させている。

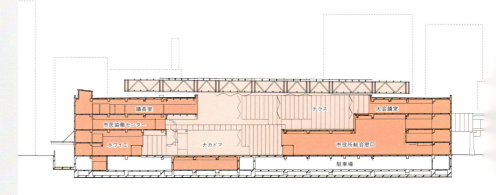

ナカドマ断面図 1/1,000

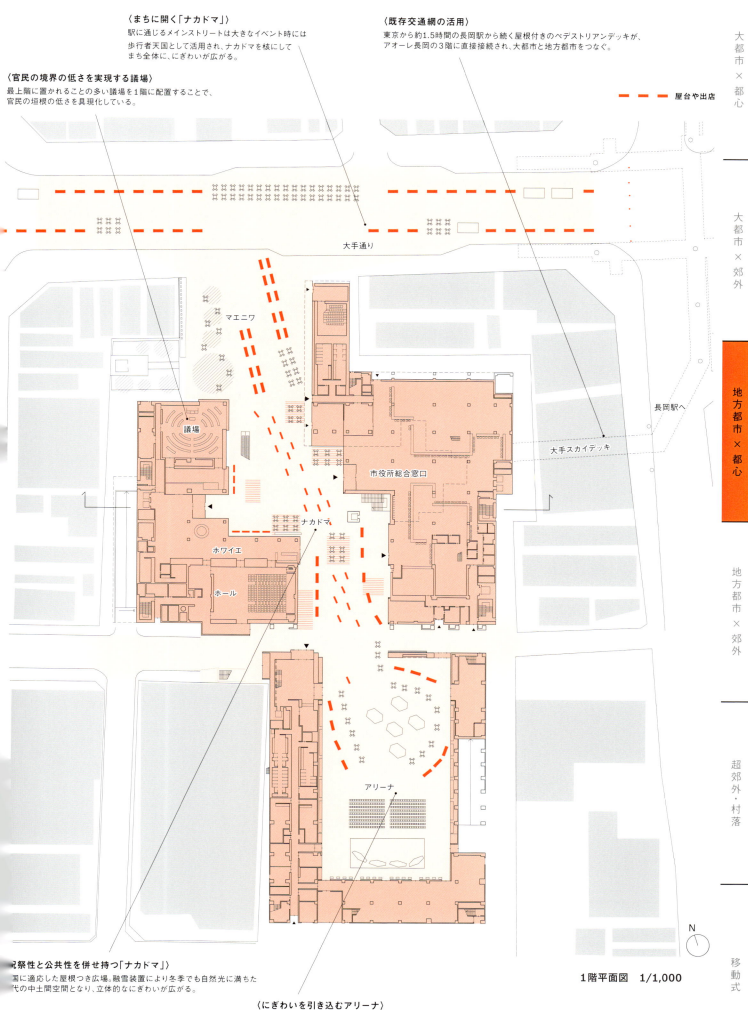

1階平面図　1/1,000

23 複合型文化交流施設

太田市美術館・図書館

平田晃久建築設計事務所

主な用途	食べる 飲む	育てる（植物）	催す	相談する
寝る	学ぶ	遊ぶ	買う 売る	展示する
くつろぐ	働く	運動する	借す 借りる	治療する
読む	つくる	見守る	あげる もらう	泊まる

〔KEYWORD〕

- 設計ワークショップ
- 美術館と図書館の混在
- 屋外テラスと緑

衰退した太田駅北口にかつての活気を取り戻すため計画された施設である。
RC造の5つのBOXにLIMBというS造のスロープの構造体が巻きついている。屋上に土を盛り緑化することで太田市北部にある金山の植生を取込んだ丘のような3層の建物である。各階で美術館と図書館が入り混じる構成を含む基本設計案の方向性はワークショップの場で市民や関係者の同席のもと決定された。
ガラスの開放的なファサードは街路の延長にあるBOXの間の空間に人を誘いこみ、美術館に訪れた人がいつの間にか図書館にも入り込んでしまう。閲覧エリアとテラスでは、どこでもお茶を飲みながら読書ができる。
本とアートを介し、領域を横断したこれまでにない多くの出会いときっかけが生まれることを期待する。

〔DATA〕

所在地	群馬県太田市東本町16-30
竣工	2016年予定
設計	平田晃久建築設計事務所
建主	太田市
企画	太田市
運営	太田市
施工	石川建設
確認申請上の用途	美術館、図書館
敷地面積	4,641.33㎡
建築面積	1,496.67㎡
延床面積	3,169.09㎡
構造・工法	鉄筋コンクリート造、鉄骨造
階数	3階
用途地域	商業地域

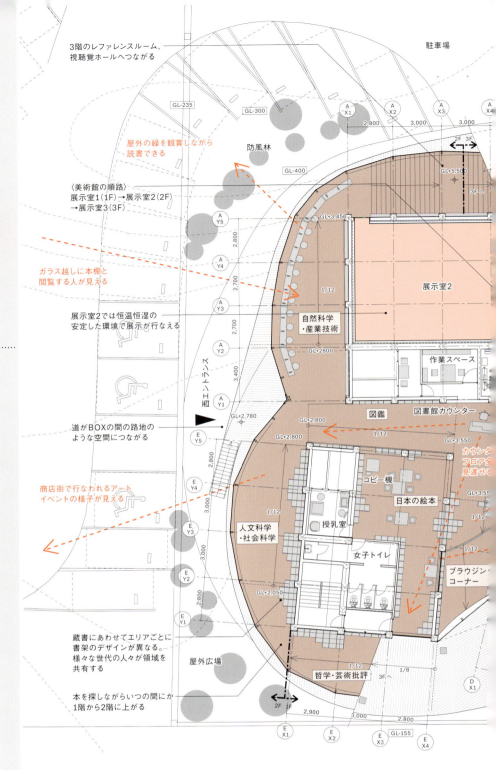

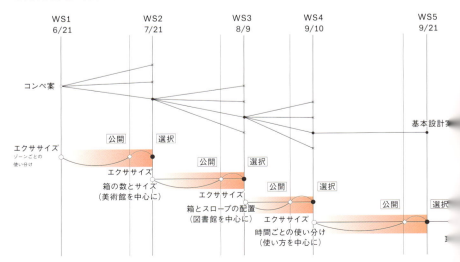

〈設計プロセスの共有〉
エンジニア、ファシリテーター、アドバイザーと共に全5回の設計ワークショップを行い市民や関係者の同席のもとプランを決定した。

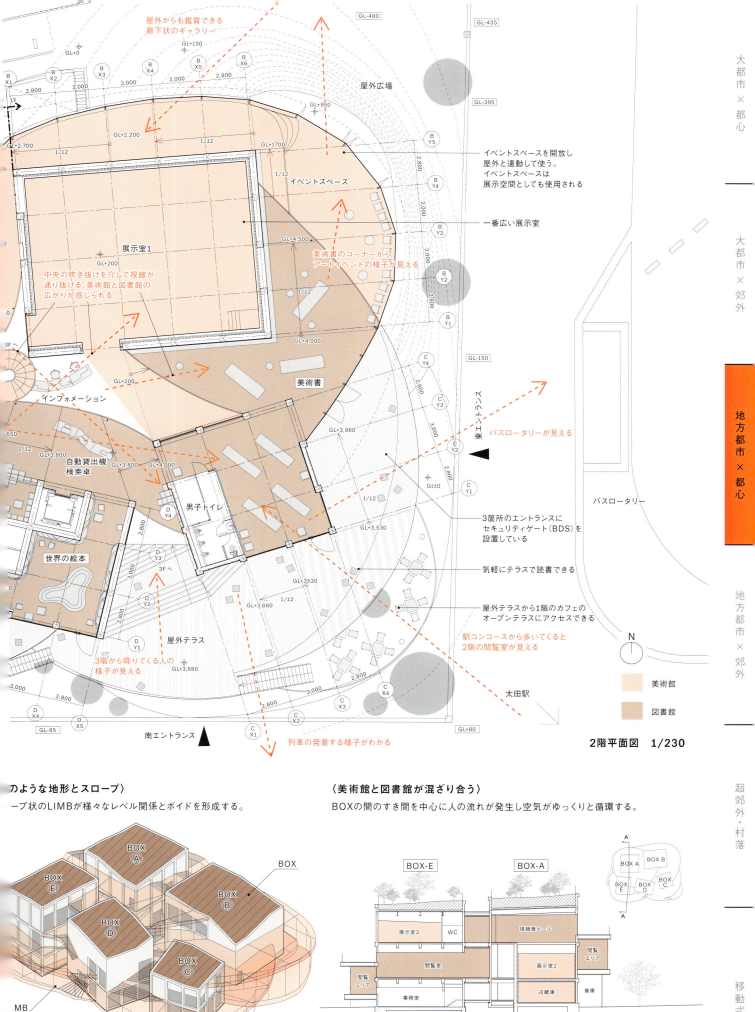

24 複合型文化交流施設

せんだいメディアテーク

伊東豊雄建築設計事務所

主な用途	食べる飲む	育てる(植物)	催す	相談する
寝る	学ぶ	遊ぶ	買う売る	展示する
くつろぐ	働く	運動する	借す借りる	治療する
読む	つくる	見守る	あげるもらう	泊まる

〔KEYWORD〕

・50m四方のフレキシブルな空間
・チューブがつくり出すさまざまな場
・老若男女のさまざまな人々が活動する場

せんだいメディアテークは、ライブラリー、ギャラリー、イベントスペース、ワークショップを行うスタジオなどが融合された仙台市の公共文化施設である。従来の単体の図書館や美術館とは異なり、本を読む、アートを鑑賞する、コンテンツをつくる、ワークショップを行う、イベントを催す、会議をする、などのさまざまな活動が建築の中で展開している。50m四方の平面の地上各層は、基本的に壁のないフレキシブルな空間であり、使用上の多様な変化に対応可能である。各層を13本のチューブが貫いて建築を統合し、均質な平面の中に、自然光、空気、エネルギー、動線などによる多様な変化を与えている。
この空間の中で、さまざまな立場の老若男女の人々が、思い思いの活動を行い、場をシェアしている。

〔DATA〕

所在地	宮城県仙台市青葉区春日町2-1
竣工	2000年8月
設計	伊東豊雄建築設計事務所
建主	仙台市
企画	仙台市＋プロジェクト検討委員会
運営	公益財団法人仙台市市民文化事業団
施工	熊谷組・竹中工務店・安藤建設・橋本共同企業体
確認申請上の用途	図書館、美術館、映画館
敷地面積	3,948.72㎡
建築面積	2,933.12㎡
延床面積	21,682.15㎡
構造・工法	鉄骨造（B1階-R階）、鉄筋コンクリート造（B2階）
階数	地下2階、地上8階
用途地域	商業地域

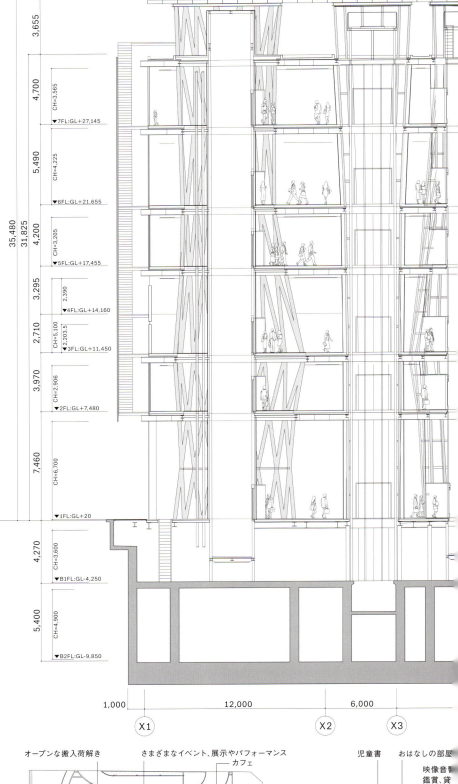

1階 プラザ 平面図 1/1,000　　2階 インフォメーション 平面図

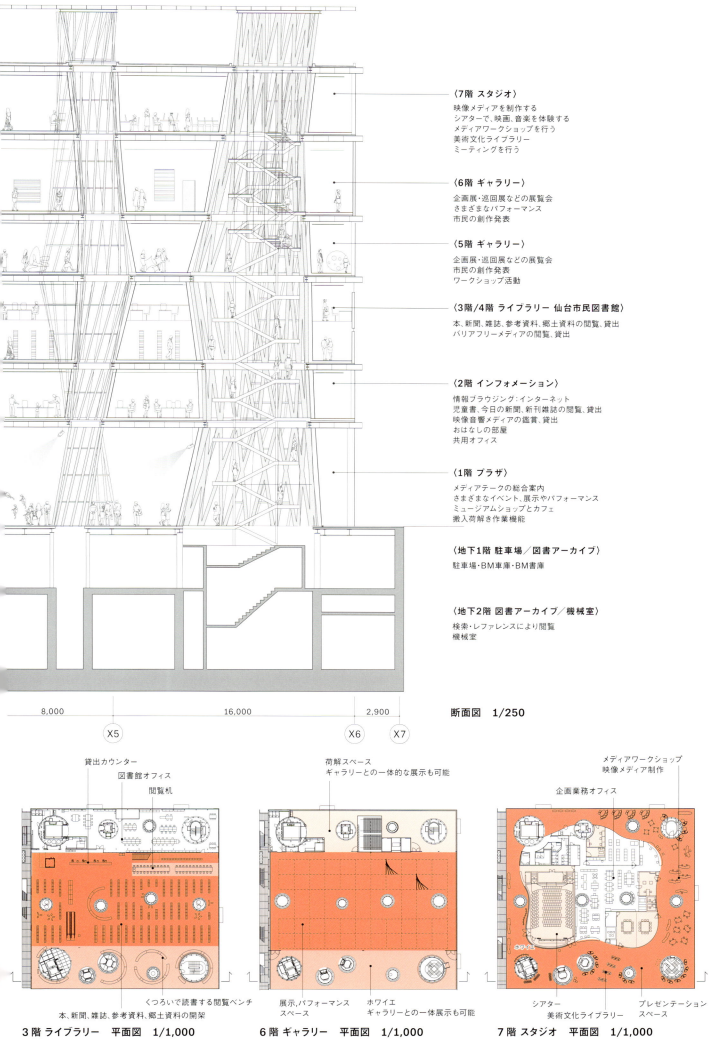

25 ホステル＋ダイニングレストラン

タンガテーブル

SPEAC

主な用途	食べる 飲む	育てる（植物）	催す	相談する
寝る	学ぶ	遊ぶ	買う 売る	展示する
くつろぐ	働く	運動する	借す 借りる	治療する
読む	つくる	見守る	あげる もらう	泊まる

【KEYWORD】
- まちの遊休資産に埋込む新たな機能
- 交流の場とプライバシー空間の共存
- 伸縮する空間で運用の柔軟性を確保

JR小倉駅から徒歩10分程の場所に、「北九州の台所」と呼ばれる旦過市場がある。様々な地の食材が並び、人々が行き交う活気のある市場である。その川向かいに立つビルのワンフロアを改修した。ホステル＋ダイニングを計画し、小倉に根付く"食"を核にした体験を提供する。プライバシーが担保された宿泊ゾーンと、パブリックな飲食ゾーンを、緩衝空間としてのラウンジスペースでつなぐ配置とした。地元の利用客と宿泊客の交流を円滑にするため、可動式の建具で仕切り、イベント時に建具を開放し一体的に使用できる計画としている。立地は良いが長年借り手が見つからなかった遊休資産を活用し、既存商店との競合ではなく相乗効果を図るプログラムとした。また企画から設計、運営にまで参画し長期的に継続するまちの活性化を狙っている。

【DATA】

所在地	福岡県北九州市小倉北区馬借1-5-25 ホラヤビル4F
竣工	2015年
設計	SPEAC
建主	タンガテーブル
企画	タンガテーブル
運営	タンガテーブル
施工	犬童建設
確認申請上の用途	簡易宿所、飲食店舗
敷地面積	829.06㎡
建築面積	725.48㎡
計画面積	725.48㎡
構造・工法	鉄筋コンクリート造
用途地域	商業地域
内装協力	スタジオニブロール：矢内原充 Republica：石橋鉄志 Roovice：福井信行、黒田基実、荒井良太

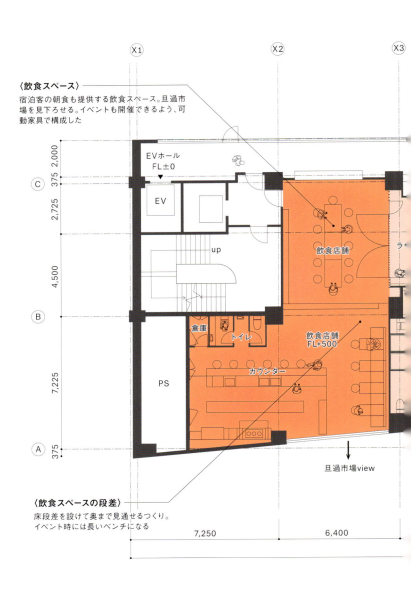

〈飲食スペース〉
宿泊客の朝食も提供する飲食スペース。旦過市場を見下ろせる。イベントも開催できるよう、可動家具で構成した

〈飲食スペースの段差〉
床段差を設けて奥まで見通せるつくり。イベント時には長いベンチになる

旦過市場view

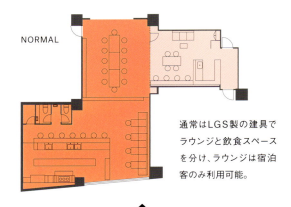

〈シーンによって空間を開閉する〉

NORMAL

通常はLGS製の建具でラウンジと飲食スペースを分け、ラウンジは宿泊客のみ利用可能。

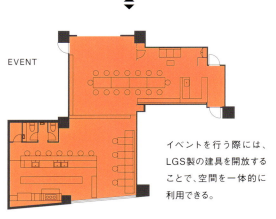

EVENT

イベントを行う際には、LGS製の建具を開放することで、空間を一体的に利用できる。

〈宿泊ニーズにあわせて空間を開〉

カギ付きの引き戸のある2部屋の和室にそれぞれドミトリーとしての個人利用や大部屋としての小規模団体利用が可能。
より高いプライバシー性と運営の効率の両立に配慮した。
さらに大きな規模の団体利用の場合、2部屋をつなげて宿泊することができる

〈プライバシーに配慮した寝室〉

2段ベッドの出入口を互い違いに設けることで、宿泊客同士が見合わないよう配慮した。
バックパッカーの大きな荷物をベッド下に収納できる計画としている。

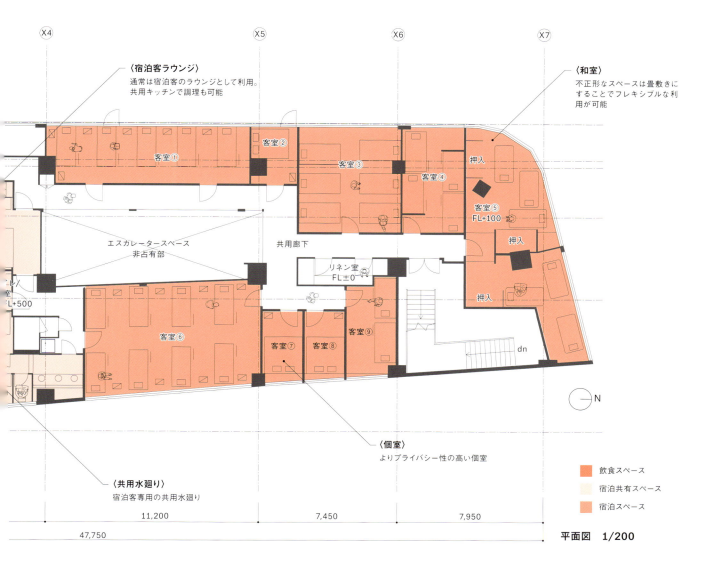

平面図 1/200

〈宿泊客ラウンジ〉
通常は宿泊客のラウンジとして利用。共用キッチンで調理も可能

〈和室〉
不正形なスペースは畳敷きにすることでフレキシブルな利用が可能

〈個室〉
よりプライバシー性の高い個室

〈共用水廻り〉
宿泊客専用の共用水廻り

凡例：
- 飲食スペース
- 宿泊共有スペース
- 宿泊スペース

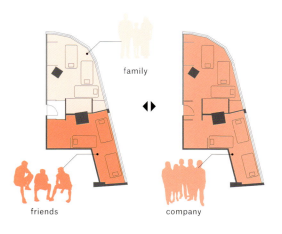

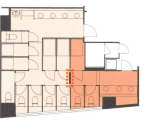 

〈男女比率を調節できる間仕切り〉

共用水廻りを1箇所にまとめ、男女別の入口を設けた。日ごとに変わる宿泊者の男女比率に柔軟に対応できるよう、内部で可動仕切り板を設置し男女のシャワーとトイレの数を調節できる計画。

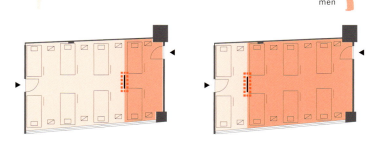

ドミトリーの一部は出入口を2箇所設け、内部に可動仕切り板を設置した。日ごとに変わる男女比率によって、受け入れる男女の客数を調節することができる。

26 まちなか美術館

アーツ前橋

水谷俊博＋水谷玲子／
水谷俊博建築設計事務所

主な用途	食べる飲む	育てる（植物）	催す	相談する
寝る	学ぶ	遊ぶ	買う売る	展示する
くつろぐ	働く	運動する	借す借りる	治療する
読む	つくる	見守る	あげるもらう	泊まる

〔KEYWORD〕
・性格の異なる場のゆるやかな統合
・街に開かれた交流するスペースの配置
・様々な利用に応じるフレキシビリティ

前橋の中心繁華街にある長年空きビルの状態であった旧デパートをコンバージョンし、美術館として生まれ変わらせた施設。圧倒的に街に近い立地条件であるため、様々な意味で街と美術館をつなげる工夫がなされている。
1階は施設外部の道に接しており、ダイレクトに街と接することから、必要機能のなかで施設利用者が気軽に立ち寄ることのできる、カフェ、ショップ、アーカイヴ（図書コーナー）を配した。様々なヴォリュームやスケールの空間が連なる構成や、素材感の差異、既存部分を残した建築部位などが生む特異感、などがゆるやかに連続し、多様なスケール感や複合性をもつ街の姿につながることをめざしている。
路面店のように街に開かれ、街へつながる拠点としての新しい美術館づくりを行っている。

〔DATA〕
所在地　群馬県前橋市千代田町5-1-16
竣工　2012年
設計　水谷俊博＋水谷玲子／水谷俊博建築設計事務所
建主　前橋市
企画・運営　前橋市
施工　佐田・鵜川・橋詰特定建設工事共同企業体（建築）
　　　ヤマト・三洋特定建設工事共同企業体（機械）
　　　利根・群電特定建設工事共同企業体（電気）
確認申請上の用途　美術館
敷地面積　2,629.69㎡
建築面積　1,932.89㎡
延床面積　5,517.38㎡
構造・工法　鉄骨鉄筋コンクリート造、一部鉄骨造
階数　地下1階・地上9階のうち地下1階、
　　　地上1・2階部分（改装部分）
用途地域　商業地域

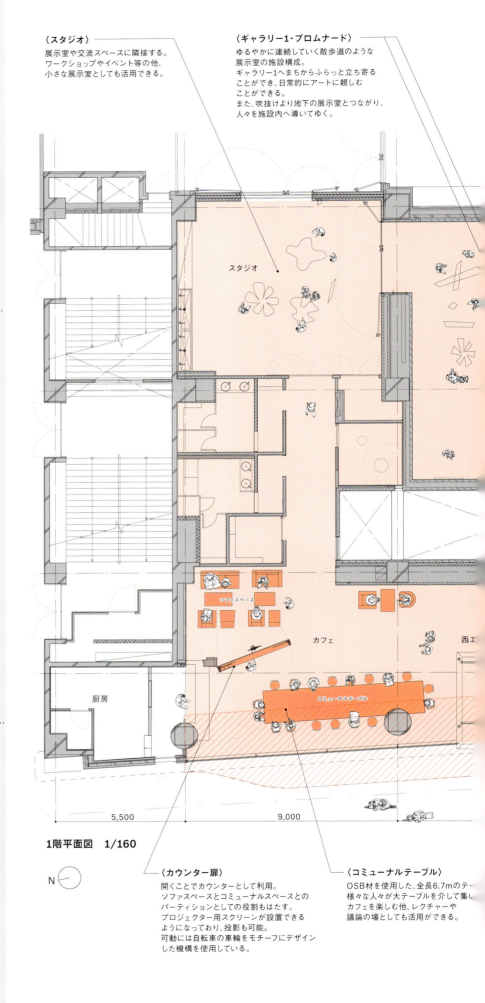

〈スタジオ〉
展示室や交流スペースに隣接する。ワークショップやイベント等の他、小さな展示室としても活用できる。

〈ギャラリー1・プロムナード〉
ゆるやかに連続していく散歩道のような展示室の施設構成。ギャラリー1へまちからふらっと立ち寄ることができ、日常的にアートに親しむことができる。
また、吹抜けより地下の展示室とつながり、人々を施設内へ導いてゆく。

1階平面図　1/160

〈カウンター扉〉
開くことでカウンターとして利用。ソファスペースとコミューナルスペースとのパーティションとしての役割もはたす。プロジェクター用スクリーンが設置できるようになっており、投影も可能。可動には自転車の車輪をモチーフにデザインした機構を使用している。

〈コミューナルテーブル〉
OSB材を使用した、全長6.7mのテーブル。様々な人々が大テーブルを介して集いカフェを楽しむ他、レクチャーや議論の場としても活用ができる。

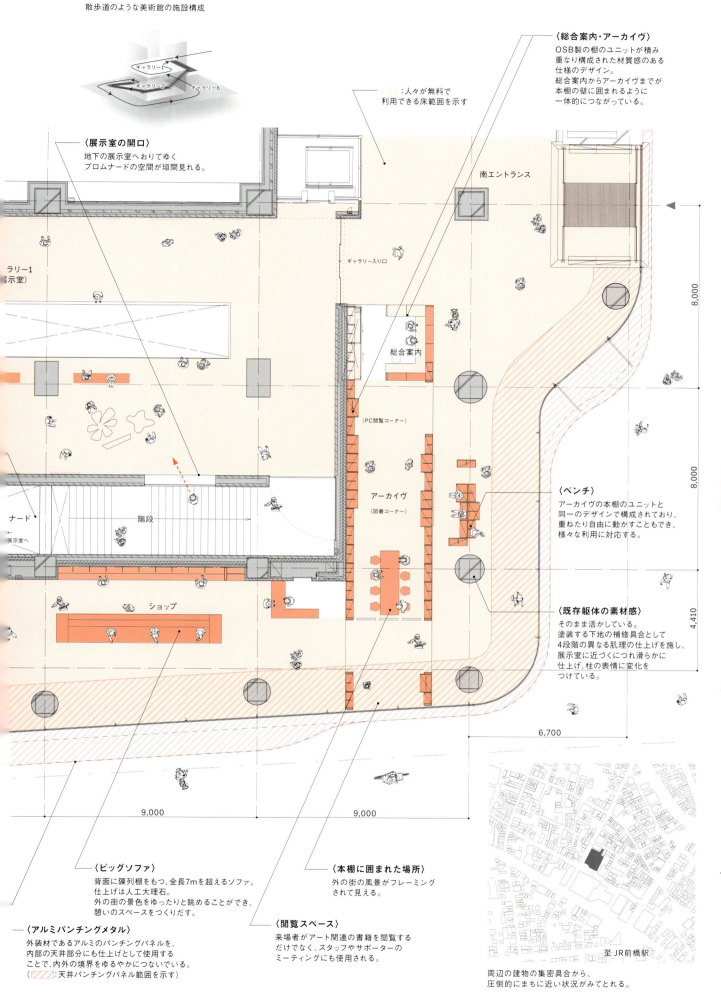

27 アネックス付き賃貸住宅

Dragon Court Village

Eureka

主な用途	食べる飲む	育てる(植物)	催す	相談する
寝る	学ぶ	遊ぶ	**買う売る**	**展示する**
くつろぐ	**働く**	運動する	借す借りる	治療する
読む	つくる	**見守る**	**あげるもらう**	泊まる

〔KEYWORD〕

・風が通り抜け日影を生む軒下空間
・住戸に帰属しないアネックス
・曖昧な領域を生むフレームと基壇

車社会の広がる郊外住宅地における、9戸の賃貸長屋。各戸2台の駐車場を要する、低密な計画条件のもと、大らかな軒下空間と、アネックス（住戸のはなれとして、商い等を営むことが可能な小さな部屋）、これらを備えた半屋外空間に特徴をもつ。このスペースでは、現在では住民が主催する月一のマルシェが開催されるなど、地域・環境へと開かれた住宅群となっている。

これらの半屋外空間は、今日における持続可能な居住空間を目指し計画された。それは第一に自然の通風によりエネルギーに依存しない、快適な屋外空間の計画であり、第二にライフスタイルの多様さや変化に応じる、住戸の寛容・更新性の計画である。後者は、住戸に帰属しないアネックスが、住戸面積の拡大縮小をも可能とし、中長期的な賃貸居住モデルを実現する。

〔DATA〕

所在地	愛知県岡崎市
竣工	2013年
設計	Eureka
建主	ユタカ不動産
企画	ユタカ不動産、Eureka
運営	ユタカ不動産
施工	太啓建設
確認申請上の用途	長屋
敷地面積	1,177㎡
建築面積	360㎡
延床面積	508㎡
専有部	一戸当たり39〜60㎡（計9住戸）
共用部	1,006㎡
構造・工法	木造、一部鉄骨造
階数	2階
用途地域	第一種中高層住居専用地域

〈軒下空間〉
住戸の周囲には木とモルタルにより構成された軒下空間がさまざまな軒高をもっており、半屋外の領域をゆるやかに仕切る

〈アネックス〉
3つの住戸には軒下空間によりつながるアネックスが設けられており、習い事の教室や、SOHOなど様々な用途で使用できる

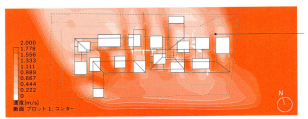

夏期の卓越風によるCFDシミュレーション

敷地中央には多孔質な住居群を、各住戸に2台分ずつ設けられている駐車場をその周囲に配置することで、軒下や中庭に風の流れる配置計画

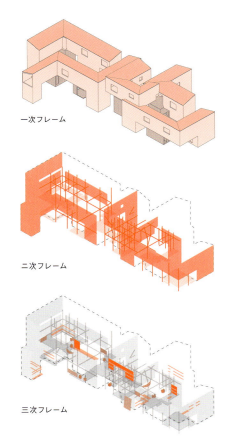

マルチレイヤードフレーム

〈マルチレイヤードフレームによる計画〉

様々な建築エレメントに対して横断的でありつつ、設計プロセスにおいては段階的なアプローチを実践しており、これを「マルチレイヤードフレーム」と呼んでいる。
生活の多様なものごとを、大きな一つの手段で一刀両断に解こうとするのではなく、段階的なフレームを重ねることで受け止め、建築の全体を計画している。

まず門型の断面構成をした一次フレームの建物が大らかに、高低差をもって並ぶことで、様々な軒下の半屋外空間を構成している。この一次フレームがつくり上げ、様々な環境条件となった空間偏差（ゆらぎ）は、木製の柱・梁や、基壇・木スクリーン（外壁・棚板）などが二次フレームとしてレイアウトされることで実現している。
軒下スペースを満たし、住人の暮らしの「とつくしま」、戸外の生活を駆動させる要素となっている。

さらに三次フレームとして、屋外家具・棚、物干し、商いの看板、植栽などがある。これらは住人によっても簡易に設けられ、移動するのたちが、屋外までをも主体性と公共性を伴った生活空間とする。

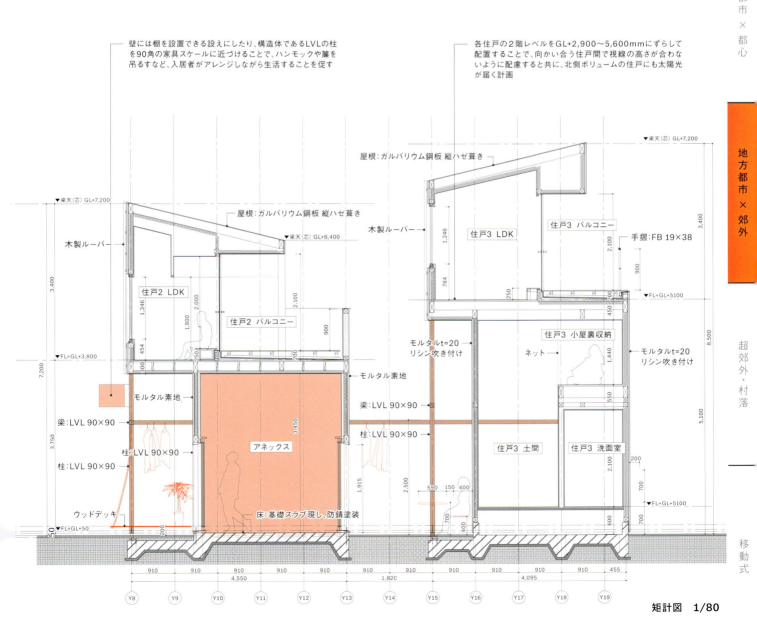

28 コミュニティスペース付き訪問介護事業所

地域ケア よしかわ

金野千恵 / KONNO

主な用途	食べる 飲む	育てる（植物）	催す	相談する
寝る	学ぶ	遊ぶ	買う 売る	展示する
くつろぐ	働く	運動する	借す 借りる	治療する
読む	つくる	見守る	あげる もらう	泊まる

【KEYWORD】
・団地名店街に介護拠点+α
・建物前面に居場所をつくる窓ベンチ
・大人数で食を囲えるテーブル広場

埼玉県吉川市の吉川団地、約1900世帯の住む1970年代に建てられた団地名店街のスケルトンの一室を、訪問介護事業所へと改装し、地域の人が集う空間を併せ持つスペースとした。改修において行ったことは以下の3点。
1．事業所の顔（ファサード）を解放された場とするためアーケードのカーブを受け止めるように造付けベンチと引き分け窓を設置し、ベンチを内部へ連続させた。
2．内部中央にある2m四方のテーブル広場にはキッチンを備え、大人数が集い食事することを可能とした。
3．3.6mという高い天井高のうち人の手や皮膚が触れる高さまでに注力し、仕上げや家具の作りを調整した。
2014年4月のオープン直後より、子どもの放課後の居場所や地域の会合の場となり、今では週3回のこども食堂も含めすっかり地域の居場所として定着している。

【DATA】
所在地　埼玉県吉川市吉川団地1街区7号棟107
竣工　　2014年
設計　　金野千恵 / KONNO
協力　　高木俊 / ルートエー
建主　　社会福祉法人 福祉楽団
企画　　社会福祉法人 福祉楽団、地域の人々
運営　　社会福祉法人 福祉楽団
建物管理　UR都市機構
施工　　アトリエ・ポンテ
計画面積　54.47㎡（改修部分）
構造・工法　鉄筋コンクリート造
用途地域　第二種中高層住居専用地域

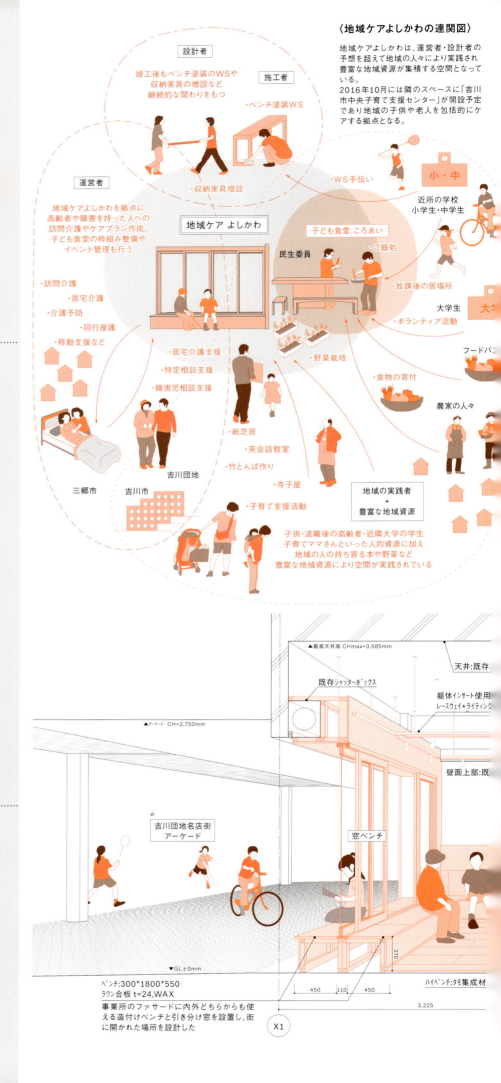

〈地域ケアよしかわの連関図〉

地域ケアよしかわは、運営者・設計者の予想を超えて地域の人々により実践され豊富な地域資源が集積する空間となっている。
2016年10月には隣のスペースに「吉川市中央子育て支援センター」が開設予定であり地域の子供や老人を包括的にケアする拠点となる。

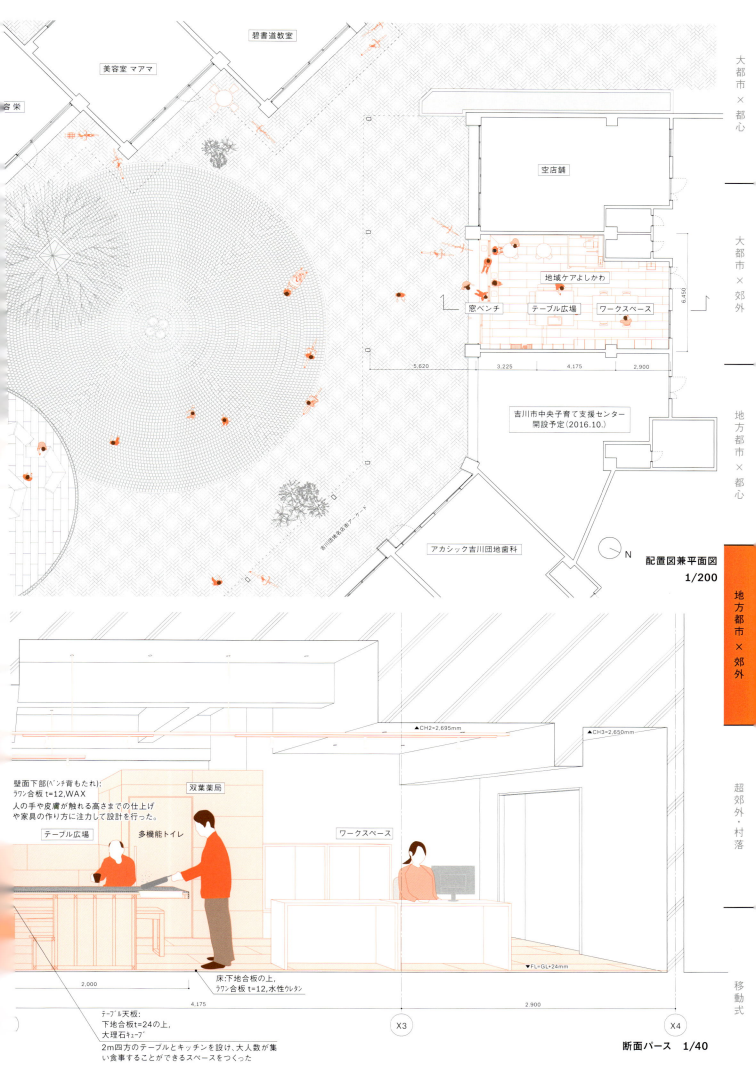

29 複合型福祉タウン

Share金沢

五井建築研究所

主な用途	食べる飲む	育てる(植物)	催す	相談する
寝る	学ぶ	遊ぶ	買う売る	展示する
くつろぐ	働く	運動する	借す借りる	治療する
読む	つくる	見守る	あげるもらう	泊まる

〔KEYWORD〕

- 多世代交流(ごちゃまぜのコミュニティ)
- ヒューマンスケールの街
- 街全体が就労支援施設

高齢者、大学生、病気の人、障害のある人、誰もが分け隔てなく、共に手を携え、家族や仲間、社会に貢献できる街。かつてあった良き地域コミュニティを再生させる街。いろいろな人との繋がりを大切にしながら、主体性をもって地域社会づくりに参加する。それがShare金沢がめざすものである。ここでは全体の枠組みを最初につくり、部分に落としこんで進めるのではなく、人と人が関わる小さな部分のシーンを丁寧に積み重ねて、全体の街をつくりあげている。敷地は廃院になってかなりの時間が流れ、荒れてはいたが、周囲の雑木林や敷地内に残された樹木はこの地域一帯の緑豊かな自然環境を継承しており、高台との高低差(5m)を含めて、敷地の特性を活かした計画を行っている。

〔DATA〕

所在地	石川県金沢市若松町セ104－1
竣工	2014年
設計	五井建築研究所
建主	社会福祉法人　佛子園
企画	社会福祉法人　佛子園
運営	社会福祉法人　佛子園
施工	みづほ工業
確認申請上の用途	児童福祉施設等
	－児童入所施設(重度・自閉・自立)
	－高齢者デイサービス
	－生活介護
	－児童発達支援センター
	－放課後等デイサービス
	－学童保育
	サービス付き高齢者向け賃貸住宅
	学生向け賃貸住宅
敷地面積	37,766.96㎡(敷地全体)
建築面積	6,152.80㎡(25棟合計)
延床面積	8,098.69㎡(25棟合計)
構造・工法	鉄骨造2棟、木造23棟
階数	平屋建て及び2階建て
用途地域	第一種住居専用地域

〈S-スタジアム〉
夏休みの早朝はラジオ体操を近隣の子ども達と企画。周囲の大人やお年寄りを巻き込んで健康力づくり。
日中は障がい児の機能訓練、夕方は学童保育の屋内運動場、夜間はフットサルチームの練習場に。

〈若松共同店舗〉
Share金沢の住民が自分達の生活に必要なものを自分達で仕入れ、自分達で運営。店内にある大きな黒板には近隣情報が掲示され、近隣住民も混ざって井戸端会議スペースに。

〈デッキテラス(ライブカフェ・料理教室)〉
樹齢250年を超えるしいの木を囲むようにデッキテラスを配置。飲み物を持った一般客がくつろぐ姿や遠足にやってきた幼稚園の児童がお弁当を食べている様子も。

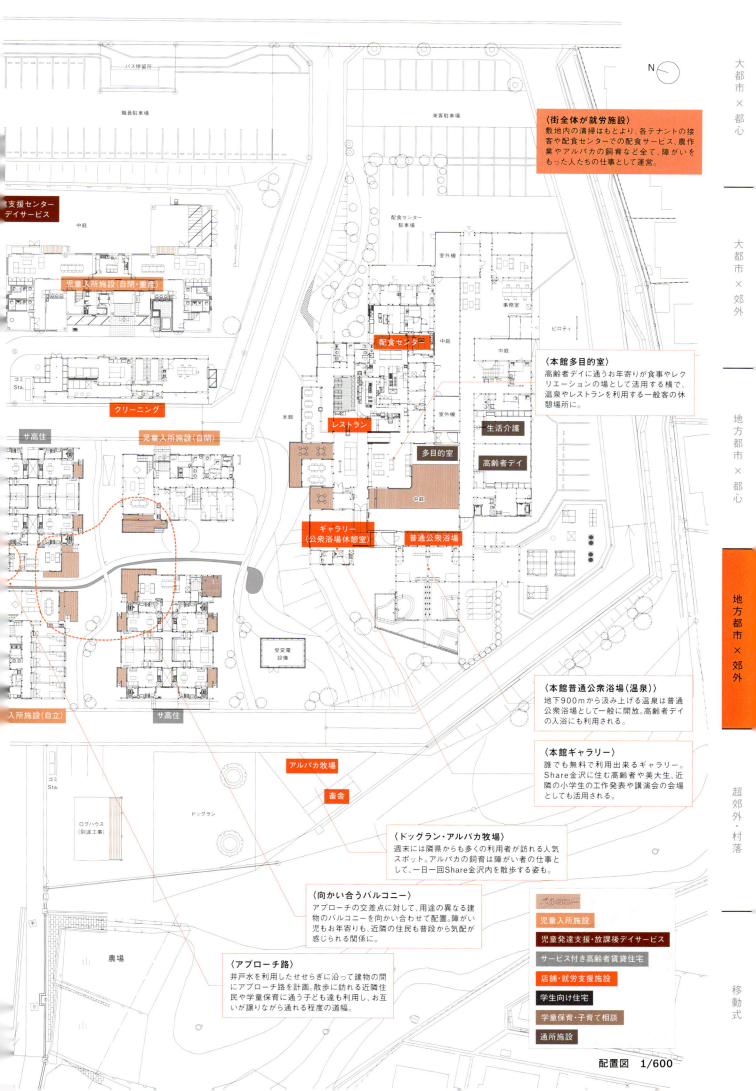

30 企画型オープンスペース

HELLO GARDEN

(un) ARCHITECTS

主な用途	食べる飲む	育てる（植物）	催す	相談する
寝る	学ぶ	遊ぶ	買う売る	展示する
くつろぐ	働く	運動する	借す借りる	治療する
読む	つくる	見守る	あげるもらう	泊まる

〔KEYWORD〕

・「都市のスキマ」の暫定活用
・建築物によらない空間構成
・毎日の暮らしに開かれた場

HELLO GARDEN は「新しい暮らしの実験広場」をコンセプトに掲げる、毎日の暮らしを問い直すきっかけづくりの場である。住宅街の中の使われていない私有地＝「都市のスキマ」の暫定利用としての活動であるため、将来の展開を見越し、場所に縛られずに移設可能な設えとしている。よって、建築物ではなく、移動可能な屋外家具や、菜園、植栽、高低差などによって空間を構成している。また、車通りの少ない十字路と、公園側の通りに沿ってオープンスペースを配置することで、毎日の暮らしに開かれた場とすることをめざした。

〔DATA〕

所在地	千葉県千葉市稲毛区緑町1-18-8
竣工	2016年
設計	(un) ARCHITECTS
建主	マイキー
企画	マイキー
運営	マイキー、HARAPECO LAB.
家具製作	アオキ家具アトリエ
製作協力	浜野製作所、寺沢千賀子
敷地面積	366.70㎡
用途地域	第一種住居地域

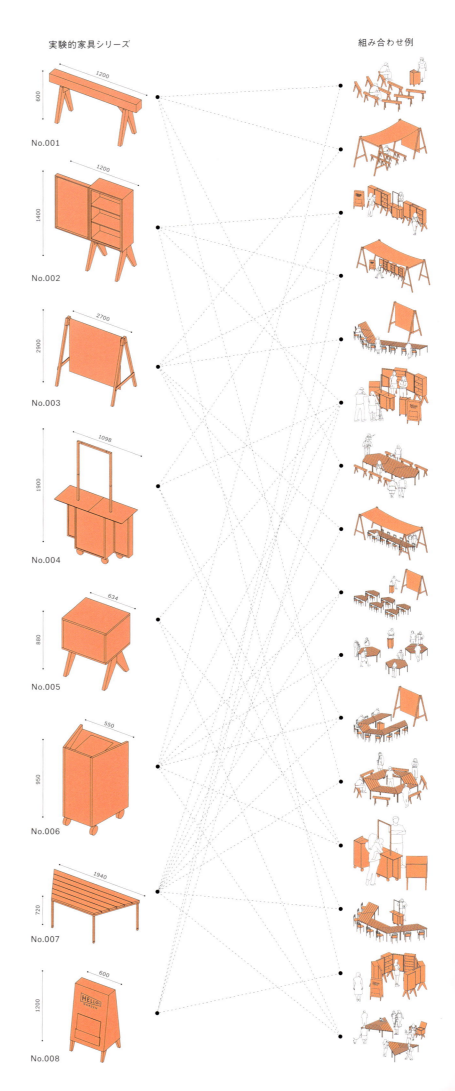

実験的家具シリーズ / 組み合わせ例

No.001 / No.002 / No.003 / No.004 / No.005 / No.006 / No.007 / No.008

配置図兼平面図 1/150

腐葉土ボックス
敷地内や周辺を掃除して集めた枯枝や枯葉はボックスに集めて腐葉土に

シンク
水道と電気、最低限のインフラを整えることで、様々な活動に対応

高低差
オープンスペースと実験ガーデンを高低差によって緩やかに分けている

ライブラリー〈No.002〉
暮らしにまつわる本を集めた、誰でも貸し借り可能な屋外ライブラリー

サインボード〈No.008〉
視認性を高めるため、十字路に向けて並べている。まちとHELLO GARDENとの接点となる場所

テーブル〈No.007〉
シチュエーションやイベントに合わせて、何通りもの組み合わせでレイアウト可能なテーブル

柵〈No.001〉
スペースをまちに対して開くため、オープン時はベンチとして利用可能な柵

ショップ〈No.002〉
テーマに沿って選んだアイテムを並べ、実験的なセレクトショップとして営業

実験ガーデン
都市の中で野菜は育つのか、空き地だった土地を開墾し、肥料作りから実験中

物置
備品や作業道具を収納したり、野菜から採った種子などを保存しておく

テント〈No.003〉
屋外に日陰や雨除けを提供する。幕を垂らせば、投影スクリーンとしても機能する

屋外喫茶
〈No.004×No.005×No.006〉
3種類の家具を組み合わせ、屋外喫茶を営業。No.004はスーツケースサイズにたためるため、出張営業も可能

公園
幼稚園帰りの親子がピクニックをしたり、小学生が放課後に遊んだり、お年寄りの散歩コースとして使われたり、時間帯によって様々な使われ方をしている

大都市×都心

大都市×郊外

地方都市×都心

地方都市×郊外

超郊外・村落

移動式

〉様な活動をサポートする「実験的家具シリーズ」〉

HELLO GARDENでは「実験」と称して、暮らしにまつわる様々なイベントや活動を行っ〈り、集まる年代や性別、国籍も様々である。例えば、地域の人々の持ち寄りで開催さ〉ピクニック、近隣大学の先生を招いた公開授業、DJ・VJによるナイトイベント、醤油〉ワークショップ、レクチャー、運動会、収穫祭、語学ワークショップ、屋外喫茶、ライブ〉ー、ショップなど、運営者でさえ予測できないほどの活動が生まれている。そのため、ある活動に特化した空間を用意するのではなく、使い手自身が編集できる空間のあり方をめざした。その結果、演出したいシチュエーションや活動に合わせて、多様な空間をつくり出すことのできる「実験的家具シリーズ」が実現した。使い方に合わせて組み合わせを考えたり、時には組み合わせから新しい使い方が生まれるような、使い手の創造性を刺激する家具シリーズである。

31 障害者インキュベーションアトリエ

Good Job ! Center KASHIBA

大西麻貴＋百田有希／o+h

主な用途	食べる飲む	育てる（植物）	催す	相談する
寝る	学ぶ	遊ぶ	買う売る	展示する
くつろぐ	働く	運動する	借す借りる	治療する
読む	つくる	見守る	あげるもらう	泊まる

〔KEYWORD〕

・多様な壁が集まった空間構成
・視線や行動を誘導する壁
・大きさや印象の異なる窓

Good Job！センターは、障がいのある人とともにこれからの働き方について考えるための場所である。メンバーが創作するアトリエ、地域の人も使う工房、企画展示が行えるギャラリー、カフェやショップ、梱包作業をする倉庫などがあり、企業と福祉施設、地域産業と障害のある人の表現など、異分野の協働が積極的に行われる場所となる。空間としては、様々な大きさや色の壁がバラバラと集まってできている。個々の居場所を部屋として閉じてしまうのではなく、全体として一つながりでありながら、壁の大きさや配置によって多様な環境を生み出したいと考えた。吹き抜けた明るいアトリエや、壁に隠れた落ち着いた机、緑が印象的な窓辺等、訪れる人がそれぞれ自分にとって心地よい居場所を見つけられるようになっている。

〔DATA〕

所在地	奈良県香芝市下田西2-8-1
竣工	2016年
設計	大西麻貴＋百田有希／o+h
建主	社会福祉法人わたぼうしの会
企画	社会福祉法人わたぼうしの会
運営	社会福祉法人わたぼうしの会
施工	大倭殖産、浅利工務店
確認申請上の用途	障害福祉サービス事業所
敷地面積	795.51㎡
建築面積	311.84㎡
計画面積	471.17㎡
構造・工法	木造
階数	2階
用途地域	第一種住居地域

〈多様な居場所〉
天井が低く落ち着いたアトリエスペースの脇に、メンバーがくつろぐためのソファスペースがある。壁をきっかけに、同じ空間の中に様々な居場所ができる。

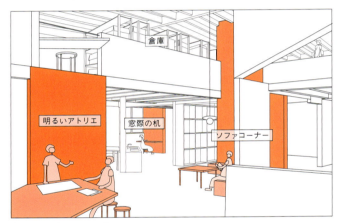

〈立体的に重なるシーン〉
吹き抜けの明るいアトリエスペースの奥に、窓際の一人の作業机や、ソファコーナーが垣間見える。性格の異なる様々なシーンが立体的に視界に入ってくる。

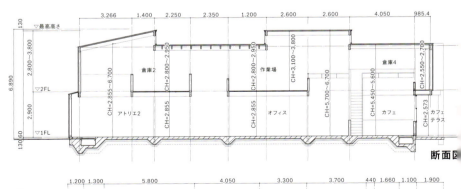

断面図

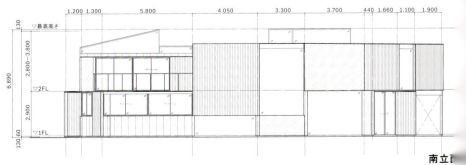

南立面

〈中の活動が感じられる外観〉
壁・サッシ・屋根がバラバラと集まってできた外観。中での多様な活動が窓によって切り取られ、外からも感じられる。壁のくぼみのベンチや軒下の通り抜け空間など、屋外と屋内の間にも立ち寄れる居場所がある。

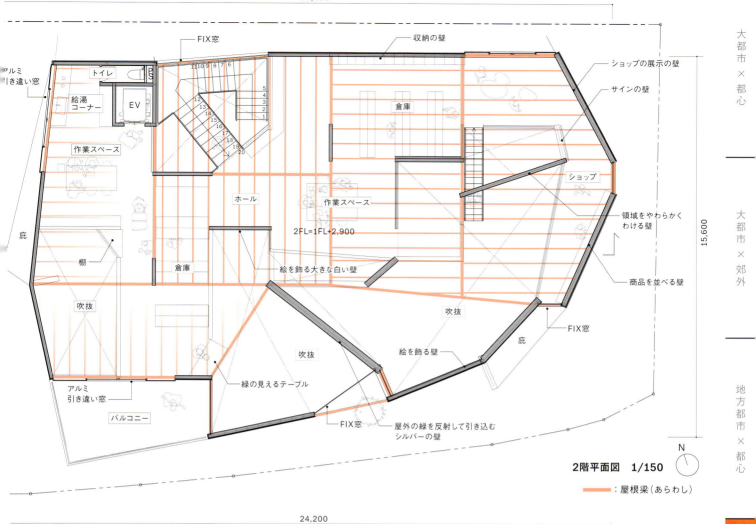

2階平面図　1/150

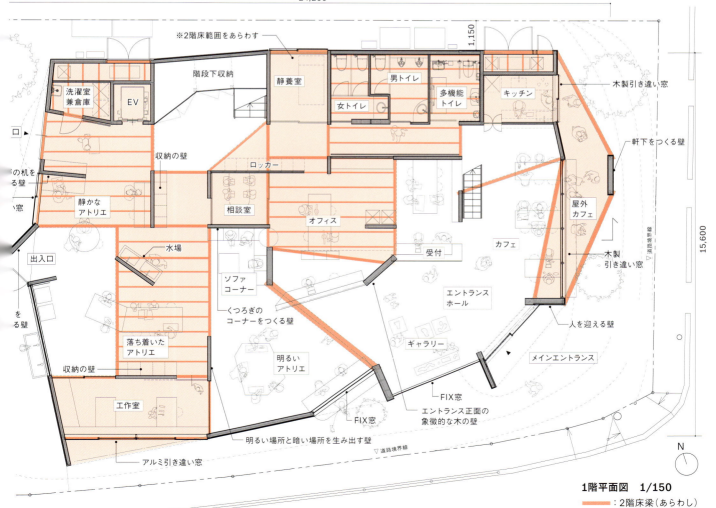

1階平面図　1/150

32 企業協力型コミュニティスペース

岩沼みんなの家

伊東豊雄建築設計事務所

主な用途	食べる飲む	育てる（植物）	催す	相談する
寝る	学ぶ	遊ぶ	買う売る	展示する
くつろぐ	働く	運動する	借す借りる	治療する
読む	つくる	見守る	あげるもらう	泊まる

【KEYWORD】

・内外を連続的に利用可能
・様々な用途に対応する板の間
・力強い和小屋組の佇まい

津波による塩害を受けた農地の広がる岩沼市で、農業を再興しようとする地域のために、東京のIT企業が出資してつくられた「みんなの家」。設計は地元の方々と共に農作業をしたり材料を手配しながら進み、つくるプロセスにおいて、設計者、利用者、出資者が区別なく共に考え、つくりながら互いに知恵を出し合い、スギ丸太柱と太い梁による架構、力強い和小屋組、深い庇と三和土の土間やかまどのある古い農家のような家が完成した。機能からつくられる空間ではなく、使い手が考えつくる、内側から生まれてくるような空間。
現在ではIT企業が地元と協力しながら、産地直売や交流イベントを開き、誰もが気軽に集まってITを使って農業と食を楽しめ、次の世代に地域の農業を継承することができるような場として活用されている。

【DATA】

所在地	宮城県岩沼市押分南谷地238 恵み野墓苑
竣工	2013年
設計	伊東豊雄建築設計事務所
建主	インフォコム
企画	インフォコム
運営	インフォコム
施工	今慶興産、熊谷組（監修）
確認申請上の用途	事務所兼集会所
敷地面積	406.47㎡
建築面積	93.60㎡
延床面積	73.44㎡（テラス8.64㎡含む）
構造・工法	木造
階数	1階
用途地域	第一種住居地区、建築基準法22条区域

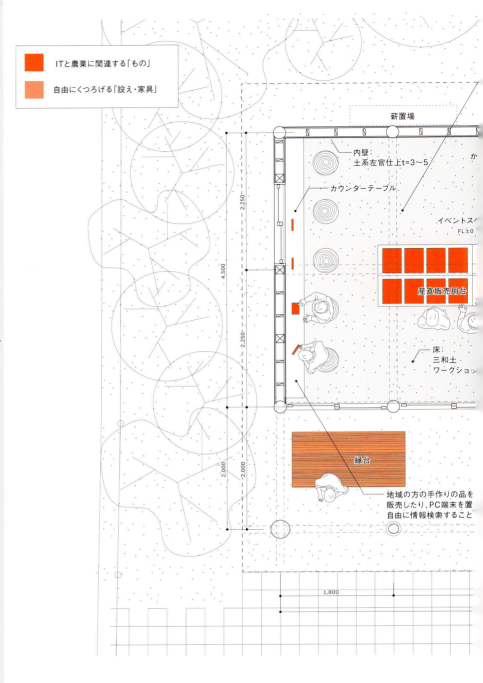

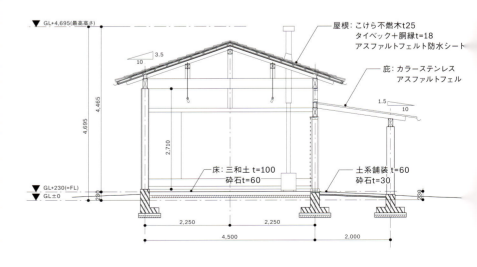

短手断面図　1/100

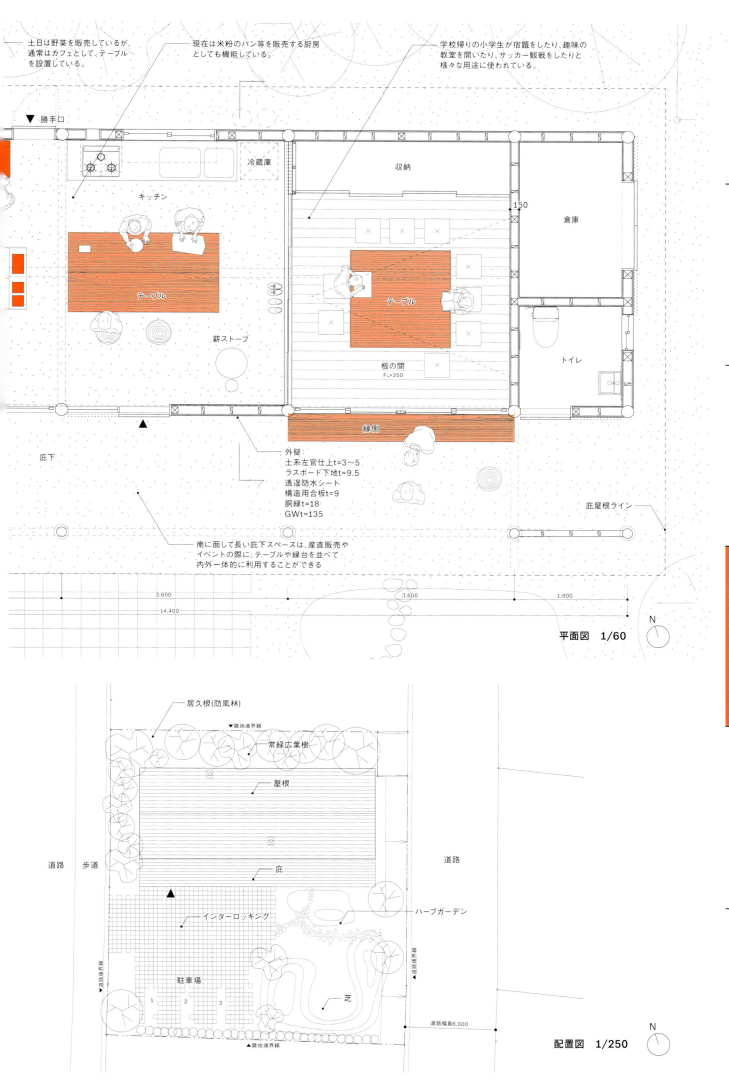

33 ゲストハウス併用住宅

高岡のゲストハウス

能作文徳+能作淳平／能作アーキテクツ

主な用途	食べる 飲む	育てる（植物）	催す	相談する
寝る	学ぶ	遊ぶ	買う 売る	展示する
くつろぐ	働く	運動する	借す 借りる	治療する
読む	つくる	見守る	あげる もらう	泊まる

〔KEYWORD〕
- 減築
- 屋根の再配置
- マテリアルのリユース

敷地は富山県高岡市。祖母が住みながら既存の家屋を段階的に改修し、家の一部に家族や友人を招くゲストルームとコモンダイニングを組み込む計画。既存家屋を減築して3つの別棟に分け、中庭をつくることで棟どうしの関係を調整している。周囲の瓦屋根の風景と連続させるために、既存の小屋組をレッカーで吊り上げてコモンダイニングの屋根へ再配置し、古い瓦で葺き直している。家に残されていた木彫欄間、雪見障子、襖などのマテリアルを廃棄するのではなく家族の記憶を伝える資源としてリユースし、珪藻土塗りや日干レンガづくりを職人に学びながら家族が施工に参加している。

〔DATA〕

所在地	富山県高岡市
竣工	2016年
設計	能作文徳+能作淳平／能作アーキテクツ
建主	能作敏克、能作幾代
企画	能作幾代
運営	能作幾代
施工	モノ・スペース・デザイン、オーデック
確認申請上の用途	一戸建ての住宅、趣味室
敷地面積	462.68㎡
建築面積	90.03㎡
延床面積	90.03㎡
構造・工法	木造（在来軸組工法）
階数	1階
用途地域	第一種中高層住居専用地域

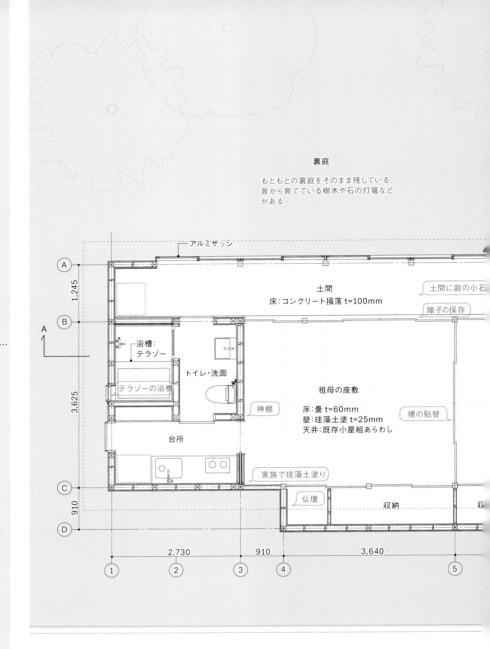

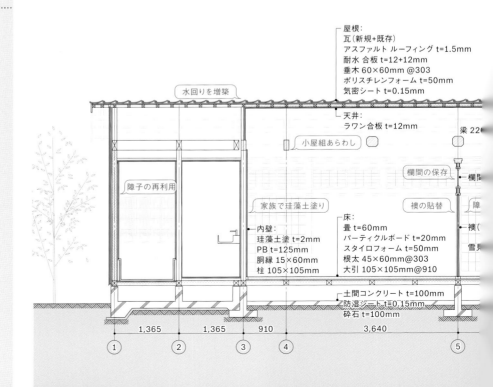

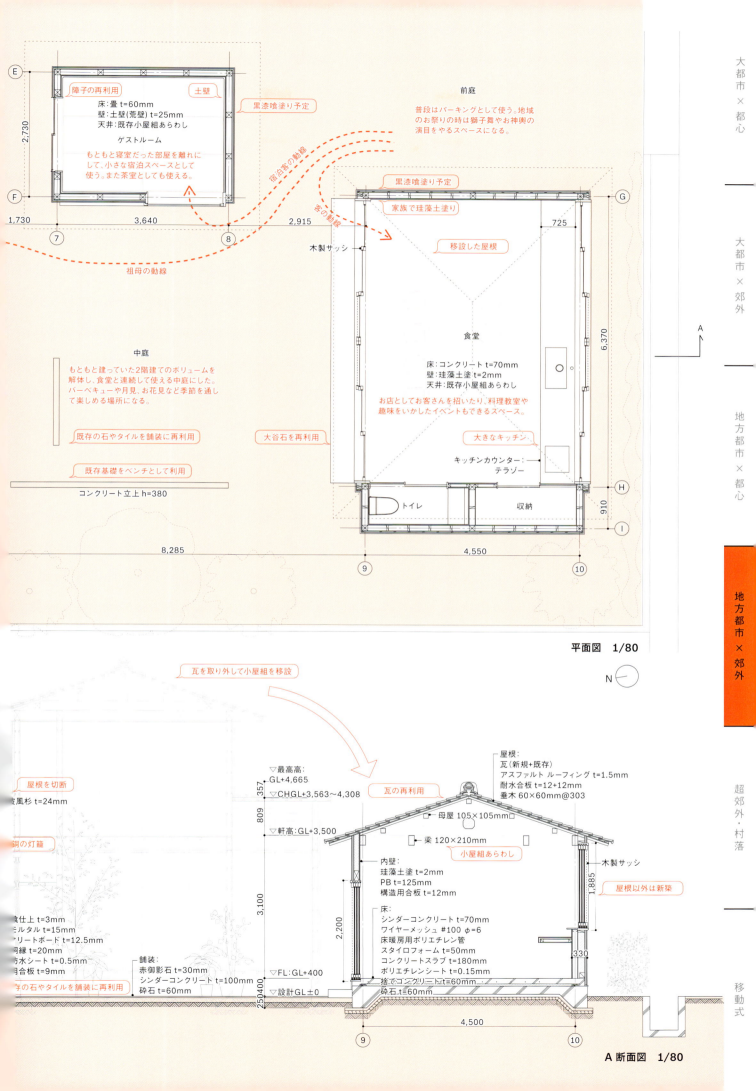

34 地域貢献型シェアハウス

コクリエ

井坂幸恵／bews

主な用途	食べる飲む	育てる（植物）	催す	相談する
寝る	学ぶ	遊ぶ	買う売る	展示する
くつろぐ	働く	運動する	借す借りる	治療する
読む	つくる	見守る	あげるもらう	泊まる

〔KEYWORD〕

・オフィスとシェアハウスの重ね合せ
・海風が通るヘキサゴン配棟
・小さな段差で分けてつなげる

コクリエ（Co-creationの意）は、茨城県県北に位置し、地元大学の街づくりサークル「HEMHEM」と顧問であるベンチャーIT社長の「夢」から始まった。地域の住民や地元企業を巻き込みながら、多彩な地域イベントを自分たちで企画し、活動する拠点である。オフィスとシェアハウスの3棟のクラスターは、太平洋沿岸の海風を取込む向きに配置している。大小のクラスター棟に囲まれた谷間リビングは、みんなが自然と集まってくるような「谷間」である。時間帯や小さな段差、独立壁によって、視界の抜けや気配を感じつつ、あちらこちらに居心地のよい場をつくっている。そして、自然通風や採光、井戸水など、身近な自然エネルギーの気持ちよさを感じたり、工夫を試し共有することで、エコライフを体感できる学び舎でもある。

〔DATA〕

所在地	茨城県日立市大みか町3-1-12
竣工	2015年
設計	井坂幸恵／bews　担当：大塚悠太
建主	ユニキャスト
企画	ユニキャスト
	茨城キリスト教大学 地域貢献サークル HEMHEM
運営	ユニキャスト
施工	三秀建設工業
確認申請上の用途	寄宿舎
敷地面積	1,105.09 ㎡
建築面積	270.52 ㎡
延床面積	407.54 ㎡
専有部（シェアハウス）	114.98 ㎡
専有部（オフィス）	131.19 ㎡
共用部	161.37 ㎡
構造・工法	木造（在来軸組工法）
階数	2階
用途地域	準住居地域・第二種住居地域

ゾーニングダイアグラム

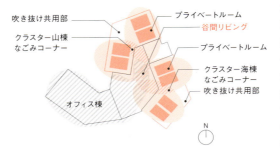

〈場のつながり〉

3棟の谷間には、トップライトから光が降り注ぐ「谷間リビング」。海と山棟を背に南北の120°隅は、変形ベンチによる「大小」のなごみコーナー。その隣から2ステップ上がったクラスター域には120°で視界が広がる「吹抜け共用部（家事と食コーナー）」。そしてトンネル通路から引戸を開けて自分の部屋へ、縁側窓からトンネルテラスへ。イベントや昼と夜によっても、時々で伸縮する領域が濃淡でつながる。そのグラデーションから自分の居場所を選べる、そんな「場の連なり」がある。

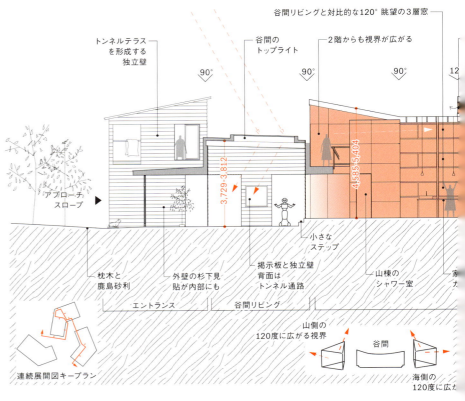

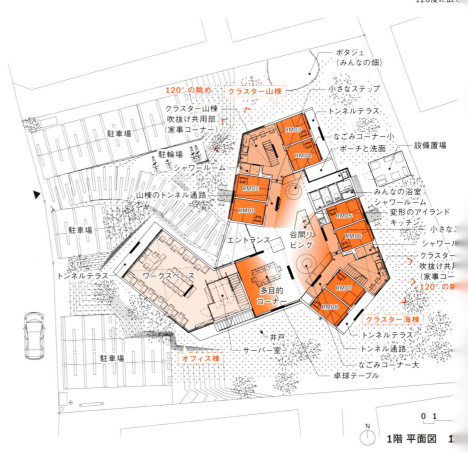

1階 平面図

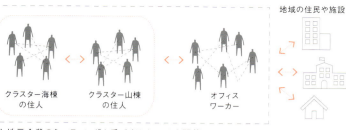
街とのつながりダイアグラム

風をかたちに

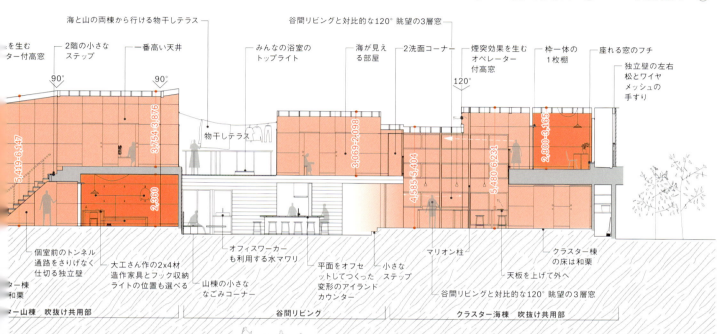
連続展開図　1/125

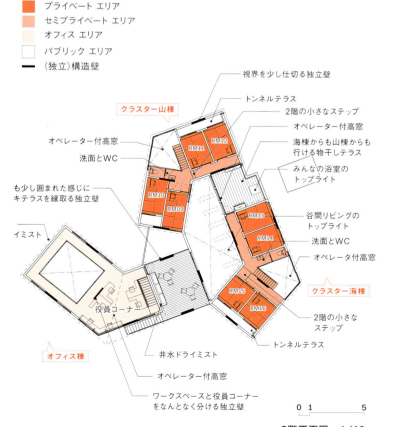
2階平面図　1/40

谷間リビングとトンネル通路

大小のクラスター棟がつくる屋根並み

35 サトヤマ付き住宅団地

サトヤマヴィレッジ

都市デザインシステム＋エス・コンセプト

主な用途	食べる飲む	育てる（植物）	催す	相談する
寝る	**学ぶ**	**遊ぶ**	買う売る	**展示する**
くつろぐ	働く	**運動する**	借す借りる	治療する
読む	**つくる**	**見守る**	あげるもらう	泊まる

〔KEYWORD〕

・サトヤマのパッシブな住環境
・真南向きの雁行型配棟
・旗竿敷地とオープン外構

かつて山であったところで区画整理が行われた場所に、住民が管理できるような、そしてバラつきが雰囲気を生むように雑木林を中心とした街区をつくった。夏は木々が風を生み、冬は落葉した樹木越しに陽射しを取り入れ自然を素直に感じ取れるパッシブな環境を再生した。43戸の住宅は南向きを主とすることで明るい日照を、雁行型の配棟により空地が生み出す風の抜け、家々の境界を多彩な植栽であいまいにぼかし、自分の家と少し庭先まで、住環境が心地よくなるような住宅団地のシステムデザインである。
コンセプト・デザイン・事業性のバランスを図りながら、一つの家だけではできない、集まったことで豊かになるような、サトヤマをきっかけに自然の再生とゆるやかなコミュニティが生まれるような、住民みんなの居場所をつくり出している。

〔DATA〕

所在地	福岡県北九州市
竣工	2008年
設計	都市デザインシステム（2008年当時）＋エス・コンセプト
事業主	都市デザインシステム（2008年当時）＋エス・コンセプト＋コプラス
企画	都市デザインシステム（2008年当時）＋エス・コンセプト＋コプラス
運営	自治
施工	戸畑土建工業　田主丸緑地建設
確認申請上の用途	専用住宅
敷地面積	11,893.88㎡
建築面積	一戸当り120㎡程度
雑木林の面積	2949.12㎡
構造・工法	住宅部分：木造
階数	2階
用途地域	第一種低層住居専用地域

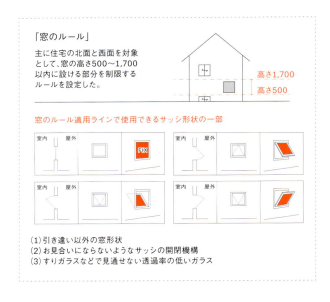

「窓のルール」

主に住宅の北面と西面を対象として、窓の高さ500〜1,700以内に設ける部分を制限するルールを設定した。

窓のルール適用ラインで使用できるサッシ形状の一部

(1) 引き違い以外の窓形状
(2) お見合いにならないようなサッシの開閉機構
(3) すりガラスなどで見通せない透過率の低いガラス

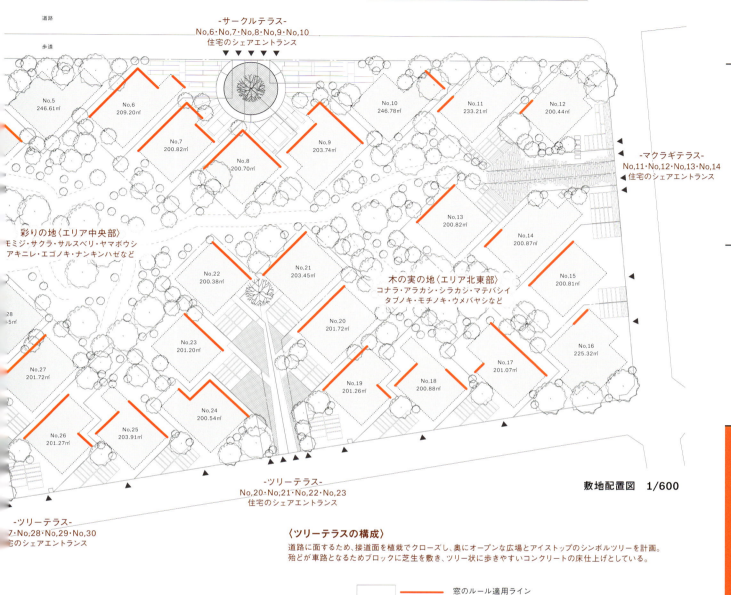

〈サークルテラスの構成〉
歩道に面するため道路に対してオープンで、中央にシンボルツリーがあるクルドサックの形態。
車が自然に転回できる直径11mのサークルの内側は芝生、外周を歩きやすい床仕上げとしている。

〈マクラギテラスの構成〉
道路に対してクローズで、車の速度を落とさせるように通路を蛇行させた枕木仕上のボンエルフの形態。
サトヤマのメンテナンス通路として接道させつつも、住民以外の侵入を防ぐつくりとしている。

〈ツリーテラスの構成〉
道路に面するため、接道面を植栽でクローズし、奥にオープンな広場とアイストップのシンボルツリーを計画。
殆どが車路となるためブロックに芝生を敷き、ツリー状に歩きやすいコンクリートの床仕上げとしている。

敷地配置図 1/600

凡例
― 窓のルール適用ライン
‥‥ 建築物の建設可能範囲
― (戸建住宅)敷地境界線

大都市×都心
大都市×郊外
地方都市×都心
地方都市×郊外
超郊外・村落
移動式

〈一般的な開発住宅地における区画割の考え〉
周辺同等の住宅規模に応じて、開発道路を入れた配置計画

開発道路面積の合計
1,714.04㎡

・市へと移管する開発道路の面積は街区面積から減ってしまう。
・道路に対して整形な区画割りは敷地内を有効に活用できない。
・建物は北側に寄せて配置されるが、南側空地が有効活用されづらい。

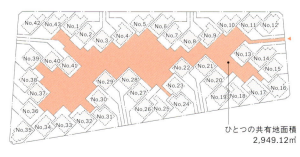

〈住環境の心地よさを根底に置いた配棟システム〉
一般的な区画割と同数を確保し、住宅と住宅同士の関係性に配慮した計画

ひとつの共有地面積
2,949.12㎡

・開発道路面積相当を家の庭先や道路から直接アクセスできる共有地として雑木林とする。
・敷地は地区計画の最小限にあえて旗竿敷地をつくりオープン外構にて境界を消している。
・住宅を南向きとしてプライバシーのため「窓のルール」を設けお互いに心地よい住環境を
実現している。

36 官民複合型地域図書館

武雄市図書館

カルチュア・コンビニエンス・クラブ（CCC）
+スタジオアキリ+佐藤総合計画

主な用途	食べる飲む	育てる（植物）	催す	相談する
寝る	学ぶ	遊ぶ	買う売る	展示する
くつろぐ	働く	運動する	借す借りる	治療する
読む	つくる	見守る	あげるもらう	泊まる

〔KEYWORD〕

・図書館、カフェ、書店の複合化
・開架書庫の最大化
・本で出迎える

「武雄市図書館」は、2013年4月に全面リノベーションによりその空間が刷新された。図書館とカフェ、そして書店がシームレスにつながる新しい市立図書館では、市民が利用できるスペースが300坪から560坪に広がった。増えた面積の大部分は、かつて「閉架書庫」として閉ざされていた空間だ。閉架スペースの開放とシェアに伴って、開架図書も増大した。それまで7万冊だった開架図書を新規導入した書物も含め20万冊とし、誰もが自由に手に取れるようにした。書庫から出され、光を与えられた書物は、図書館入口の吹き抜け空間の壁一面を埋め尽くす。人口5万人ののどかな町の公立図書館に入った瞬間、眼前に圧倒的なボリュームの本がある。その光景と体験がこの図書館の最大の個性だ。

〔DATA〕

所在地	佐賀県武雄市武雄町大字武雄5304-1
竣工	2013年
設計	CCC+スタジオアキリ+佐藤総合計画
建主	武雄市
企画	武雄市+CCC
運営	CCC
施工	建築：五光建設　電気：岡田電機
	空調・衛生：岡田電機　書架：船場電特定建設工事共同企業体（電気）
確認申請上の用途	図書館、物販・飲食店
敷地面積	10,162.43㎡
建築面積	3,352.04㎡
延床面積	3,803.12㎡
構造・工法	鉄筋コンクリート造一部木造
階数	2階
用途地域	第一種中高層住居専用地域

〈公共図書館に商業施設を取り込むリノベーション手法〉

開放的な空間をつくることを意識し、既存壁を減らせる箇所を検討した。また、図書館機能のみであった建物に、商業施設であるカフェ・書店を複合化するために、一部新設する床や、閉架書庫を開架書庫として、積極的に使える床面積を増やした。
閉架書庫だった箇所にトップライトを設け光環境を確保し、静かな読書スペース、開架書庫として活用している。また、動線として利用されていた2階バルコニーは改修し、幅員を広げることで、壁いっぱいの本棚と読書スペースとした。カフェスペースは屋外にテラスを新設し、外構も含めた積極的利用がなされるように設計している。

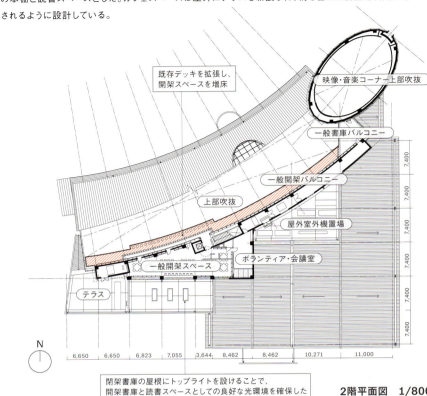

2階平面図　1/800

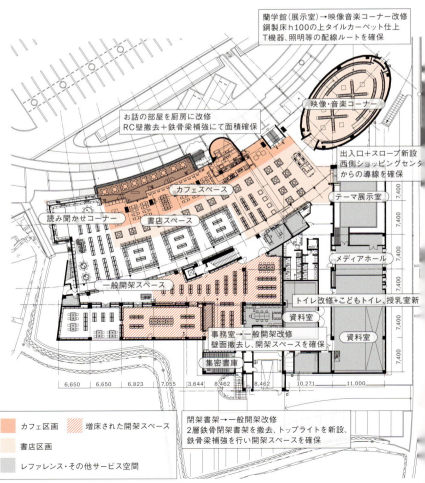

1階平面図　1/80

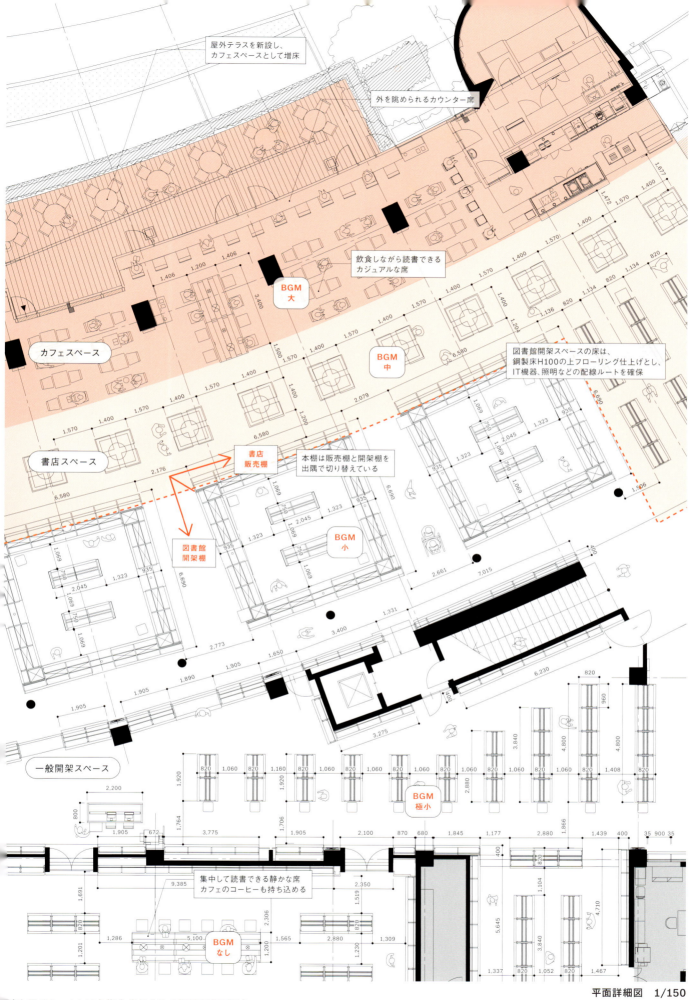

平面詳細図 1/150

〈官と民のシームレスな複合化のための環境制御手法〉

ここでは、公共の図書館と民間の書店、カフェ、レンタルビデオ店がシームレスに複合化されている。商業空間と公共の図書館に求められる音環境は大きく違うため、外部に近いカフェではBGMが流れるが、奥に入っていくにつれて、静かな空間になるよう書架の配列を利用した小部屋を配置した。ゾーン（小部屋）ごとのコンセプトを明確にし、それに伴ったスピーカーの設置場所や音量をデザインし、様々な利用シーンに対応する場所の提供を設計している。

Interview｜森下静香／社会福祉法人わたぼうしの会 Good Job! センター香芝センター長

誰もが社会と関わり協働できるネットワーク拠点をつくる

——Good Job! センター香芝がオープンして約2カ月になります。どんな方々がどんな活動をされているのでしょうか。

森下　福祉施設として、まずは障害のある人たちの働く場、活動の場としての利用があります。今は障害のある人たちに対して働くためのさまざまな整備が進められていますが、まだまだ働くうえでの選択肢が少ない状況です。そこで、ここではものづくりや表現活動が好きな人がそれを仕事にできるような場にしたいと思っています。

またここは流通の拠点でもあり、海外も含めて約70の施設や企業でつくられている1000以上の商品をセレクトして、小売店に卸したり、百貨店や商業施設で期間限定のプロモーションイベントを行ったりしています。

建物はアトリエ専用の北館と、アトリエの他に流通の倉庫やカフェ、ショップも備えた南館があります。全体で40名の障害のある人の利用を予定していますが、現在利用登録をしている障害のある人は13名、実際の利用者数は1日に10名ほどでしょうか。知的障害、自閉症、統合失調症など精神障害のある人、脳性マヒなどの身体に障害のある人など、いろいろな方がいます。

9時半〜16時が障害のある人の活動時間で、製造の仕事の他にも、流通の仕事では商品の管理や入荷から出荷までの一連の仕事をしています。具体的には、商品にバーコードを貼ったり、検品をしたりといった作業を担当しています。現在、オンラインショップをリニューアルする準備しているのですが、HPに使用する写真を撮影してもらったり、商品の紹介文やキャッチコピーを考えてもらいたいとも思っています。商品の知識も蓄積され、店頭に立ってもらうときにも役立つはずです。またカフェでサービスする接客の仕事やワークショップなどのイベントでファシリテーターをしてもらうこともありますね。

——地域とのつながりももたれているのでしょうか。

森下　この香芝市は30年後も人口が減少しないであろうと言われる数少ない市の1つで、若い世帯が多い地域なのですが、カフェやショップには色々な年代の人が入ってきてくれています。地域の人に向けたオープンデーには年配のご夫婦や、赤ちゃん連れの若いお母さんなどが一日に150〜200名くらい来られました。

「ここは何ですか？」と、ふらっと入ってくる方もいたりするので、スペースの説明をするコンシェルジュのような役割が必要ではないかと話したりしています。とはいえ、使う人によって用途は変わっても構いませんし、そこまできっちりしなくてもこれからここにきてくれる人たちと場の使い方を決めていければと思います。

今後は3Dプリンターやレーザーカッターも活用してクリスマスのオーナメントをつくるなど、親子のワークショップも予定しています。

——そもそもどのような経緯で立ち上げられたのでしょう？

森下　これまで私たちは、障害のある人たちのアートや表現を通して社会に働きかける活動をしてきました。そのなかで、彼らの表現に人や地域を元気にする役割があることを実感すると同時に、それを彼らの仕事や所得に結びつけていく必要も感じていました。そこで、取り組んだのが「Good Job! プロジェクト」です。障害のある人たちのアート活動から生みだされたデザインやビジネスの事例を国内外から集め、2012年から「Good Job! 展」という展覧会を始め、北海道、宮城、東京、愛知、大阪、兵庫、大分で紹介してきました。そのような時に、吉本昭さんという方から土地のご寄付のお申し出をいただき、活動をより進めていくための拠点にしたいと考えました。そして、日本財団や地元香芝市、多くの企業や市民のみなさんの支援によって建設にいたりました。

——施設の設計にあたってコンペをされましたが、建築家の提案には何を期待されましたか？

森下　私たちに新しい考えをもたらしてくれる人に設計していただきたいと考えました。アートと同じように、仕事も多様であってほしい。まだ見ぬ仕事を一緒に見つけていける場所にしたかったんです。公募には2週間で103組の応募がありました。大西さんたちの「町並みを変えるアートの森」という案には、この建物なら私たちの知らない人やことたちを連れてきてくれるのではないかという期待を感じました。また、彼らがコミュニケーションのとれる、対話ができる人たちだと感じたことも大きかったです。

——設計にあたってはどんな課題がありましたか。

森下　この地域には精神に障害のある人や発達障害と言われる人たちのための施設が少ないと聞いていましたので、そのような方たちを受け入れるためには、開放的でありつつ、彼らが一人で休める場所、集中できる場所を設ける必要がありました。施設らしくない施設にしたいけれども、彼らを守ることができる場所もつくりたい。そのバランスが設計の1つの課題でした。驚くほど多くの模型を検証しながら、最終的には最初の案からかなり変わっています。

——一般的な施設では就労継続支援事業のA型・B型などタイプによって部屋を分けなければなりませんよね。ここは可動間仕切り壁が設けられていますが基本的にはオープンな感じで使われているのでしょうか。

森下　そうですね。今の福祉サービスは、事業に応じてスペースを分け、その中で作業も分けてしまうのが一番わかりやすい施設の形だとは思います。しかしながら、それは現在の法がたまたま決めている線かもしれません。それに対して、障害の種類や程度ではなく一人一人の能力に応じて仕事や活動を選んでいけばいいというのが私たちの考え方です。利用する人のそのときの状況ややりたいことに応じて場所を使い分けています。

——たとえば「明るいアトリエ」は陽当たりもよく、

Good Job! センター南館2階のショップと1階スタジオのようす

──外を歩く人の足元まで見える大きな窓があります。一方で奥まったところにも作業場があったりして場所を選べる印象があります。

森下 そうですね。奥の工房、CRAFTWORK（p.83の「落ち着いたアトリエ」のこと）は障害のある人の仕事場として使っています。3Dプリンターなどの機材を使いつつ、手仕事を活かした製品をつくっています。

また、地域の方を招いたワークショップも考えていましたので、それに対応できる場所も希望しました。実際、竣工式ではそこで演奏があり、先週末にはトークイベントを開催したところです。クリスマスコンサートも計画しています。

Good Job! センターは1つの活動拠点ですが、活動としてはここだけに閉じないように心がけたいと思っています。例えば、中川政七商店さんと「鹿コロコロ」という商品をコラボレーションしてつくっていたり、日本ふんどし協会とシルクスクリーンを使ったふんどしをつくったり。竣工の記念品を240個つくる時は、とても間に合わないため、大阪の福祉施設にファブラボ北加賀屋にサポートに入っていただき、3Dプリンターを貸し出し、製造のレシピを共有して80個納品していただきました。そのような遠隔地でのものづくりをいっしょに進めることにも取り組んでいます。

──家具や素材、色など設計の詳細についてもやり取りはありましたか。

森下 例えば、今座っている椅子は最初に提案いただいたものとは違うものです。予算の都合もありますが、アトリエでは作業しやすく使い勝手のよいもの、カフェでは落ち着けるもの、北館は身体障害のある方も利用されますので、肘付きのある椅子にしています。要所要所で相談しながら決めていきました。

──色々な経緯のなかで設計チーム全員が一貫して共有されていたことはありますか。

森下 ものづくりから発信までを一貫して行う施設にすること、すべての作業に障害のある人が関わること、というコンセプトは最初から変わることはありませんでした。設計チームはデザイン、建築、福祉の専門家など、運営では専門家などにもアドバイスいただいています。アート、デザイン、ビジネスといった垣根を越えて、多様な人が議論や実験に参加できる場をめざしました。

──建物ができ、利用者である障害のある方たちはどう感じているのでしょう。

森下 アートやデザインが好きな方が多いので、みんなワクワクしているように感じます。感想を言ってくれる人もいますし、直接こちらから聞くこともあります。とはいえダイレクトに尋ねるというより、次にどんな仕事をしてみたいかといった日常的な話をしながら次の構想も生まれてくる感じです。

ただ、かなり外に対してもオープンな建物なので、思っていた以上に見られている印象があります。事務所も開放的なので最初の1カ月くらいは私たちスタッフも緊張していましたが、慣れましたね。障害のある人たちも、少しずつ慣れてきたように思います。

──この新しいGood Job! センターとその活動がこれからの福祉や地域にどのような価値を持つことになると思われますか。

森下 本来、社会福祉というのは「人が社会とどうつながり、その中でいかにして幸福に生きていくか」がテーマだと思うのですが、実際の福祉の世界では社会との関係が見えにくくなっています。その点で、新しい人との出会いや他分野との交流などを含めて外とのつながりを持つことがとても大事だし、そのような考え方に立つと、「福祉施設らしくない建物」というあり方に可能性を感じています。少なくとも閉じているという状況は良くない。それは障害のある人に限らず、そこで働くスタッフも含めて言えることだと思います。人によっては閉じる状況が必要な時期もあるとは思いますが、基本的には誰もが社会の中で生きていくわけですから、人との関わりの中で成長していけることが理想です。

外部の人がここを訪れることで一緒に仕事をしたいと感じるような場所、何か可能性を感じてもらえる場所であることが大切だと思っています。

──これから福祉施設に関わる建築家に改めて何を期待されますか。

森下 福祉にまつわる現状をまずは知ってもらいたいです。そして、それを知りつつ新しい見方を提案してもらえるといいなと思います。

もともとは高齢者も子どももいろんな人が住んでいるのが地域であって、そういう意味では今は福祉施設が単なる福祉施設としての機能しかないというのはありえません。また、どのようにして開きつつ閉じるのか、守るべきところをどうやって守るのかという話もあります。相模原の事件のようなことが起こると、セキュリティに関して行政から連絡が届きます。それももちろん大切で安心安全への意識を持たなければなりませんが、いくらセキュリティを強化しても十分ではないというのが実際の話です。となると、あのような事件が起きてしまう根本的な原因を考えざるをえなくなります。本来なら地域のいろんな人に見てもらっていて全体に目が行き届いているほうが安心できますよね。そんな状況をつくれるように、外から新しい提案を持ち込んできてもらえるとうれしいです。

森下静香（もりしたしずか）
社会福祉法人わたぼうしの会 Good Job! センター香芝センター長。1974年生まれ。大阪市立大学文学研究科修士課程修了。1996年よりたんぽぽの家にて障害のある人の芸術文化活動の支援や調査研究、医療や福祉のケアの現場におけるアート活動の調査を行う。

37 廃校改修の道の駅

鋸南町都市交流施設
道の駅保田小学校

N.A.S.A.設計共同体

主な用途	食べる飲む	育てる（植物）	催す	相談する
寝る	学ぶ	遊ぶ	買う売る	展示する
くつろぐ	働く	運動する	借す借りる	治療する
読む	つくる	見守る	あげるもらう	泊まる

〔KEYWORD〕

・廃校活用モデルの提案
・次世代型の防災拠点
・5つの大学が協働する運営サポート

鋸南町は鋸山の南に広がる南房総の玄関口に立地し、人口約9,000人、首都圏から車や電車で約1時間の町である。少子化の影響を受け、2014年3月を以て120年余の歴史がある保田小学校も閉校になり、地域活力の減退や住民の喪失感の拡大が危惧されている。本計画は、保田小学校を都市部住民と地域住民の交流拠点として再生・活用することとし、「コミュニティの核であった施設が、都市交流施設として地域経済を支える拠点に生まれ変わる」モデルケースとなるような計画を目指すと共に、今の子どもたちの世代と、すでに卒業した高齢者との交流、鋸南に暮らす住民と、鋸南出身で、現在都市部に暮らす人たち、さらに地元住民と都市部からの観光客、二拠点居住者、移住者など、ビジターなどの交流を創出している。

〔DATA〕

所在地	千葉県安房郡鋸南町保田724
竣工	2015年
設計	N.A.S.A.設計共同体（設計組織ADH+NASCA+空間研究所+architecture WORKSHOP）
事業主	千葉県安房郡鋸南町
企画	鋸南町、ようこそ鋸南、共立メンテナンス、N.A.S.A.設計共同体、ATS等
運営	共立メンテナンス
施工	東海建設
確認申請上の用途	道の駅
敷地面積	14,235.50㎡
建築面積	2,660.14㎡
延床面積	3,486.73㎡
構造・工法	鉄筋コンクリート造、一部鉄骨造
階数	2階
用途地域	指定なし

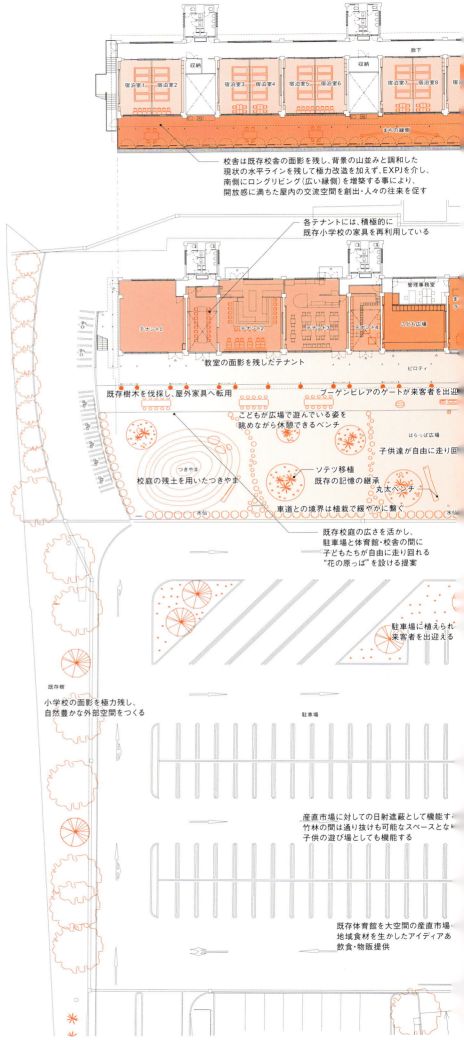

※オレンジ線は、既存小学校のモノを転用・再利用・既存残置・記憶の継承を用いたもの

〈地域拠点となる廃校活用と配置計画〉

南房総の玄関口のランドマークとしての温室をイメージする直売所、里山を背景とする周辺環境と調和したランドスケープ、交流客・地域住民・テナントにとって魅力的な空間構成、小さな子ども連れが楽しめる工夫、交通や情報の拠点として必要な機能の確保など、すべての要求水準に配慮がなされている。
従来の道の駅では、施設と駐車場が直接つながる配置計画が見受けられるが、この施設では、建築と駐車場の間にランドスケープとピロティを設けることで、豊かなアクティビティを誘発するバッファーゾーンをつくりだしている。

〈小学校の家具の転用〉

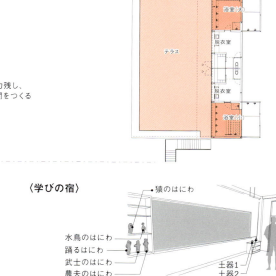

小学校の既存家具を部分的に塗装を施し、再利用

"学校らしさ"を創出することを目的とし、保田小で使われていた校具をリノベーションし新たな家具として、施設の様々な箇所に再活用した。通常より小さいサイズの校具を、小学校の独特のスケールとして体感できるとともに、記憶の継承を同時に行っている。

〈学びの宿〉

廃校となる小学校を道の駅として再生するという類を見ないコンセプトとともに、交流、滞在をすることを主眼とし、他の道の駅にはない宿泊機能を備えている。2階部分は宿泊室として活用しており、1つの教室を黒板側とロッカー側の2部屋に分け、4つのベットが入る個室が10部屋と、パソコン室を2つに分けた大部屋が2部屋の全12部屋の宿泊室とした。
各宿泊室には、泊まりながら鋸南のことを知ってもらいたいという思いから、「学びの宿」というコンセプトのもと、保田小で授業で使っていたボールなどの備品からテーマを考え、鋸南を様々な角度から楽しく学べるような部屋になっている。
宿泊機能を有することで道の駅の広域避難所機能にも一石を投じ、新たな道の駅の在り方を提案した。

〈多様な機関、人との連携〉

多様な事業を同時進行することで多くの人をプロジェクトに巻き込みつつ、また専門知識に関しては積極的に外部に求めた。結果、夢あるハードづくりにひかれた人がさらに人を呼ぶという好循環が生まれ、廃校活用プロジェクトだったからこそ、夢抱く多彩な人材が集結し、このプロジェクトは完成している。これは他にはない特徴であり、今後の廃校活用のヒントになるはずである。

1階及び2階平面図　1/500

38 町のコミュニティスペース

馬木キャンプ

ドットアーキテクツ

主な用途	食べる 飲む	育てる (植物)	催す	相談する
寝る	学ぶ	遊ぶ	買う 売る	展示する
くつろぐ	働く	運動する	借す 借りる	治療する
読む	つくる	見守る	あげる もらう	泊まる

〔KEYWORD〕

・人と町をつなぐ5つのメディア
・自主施工を支える構成
・建築と人の関わり

建設地は小豆島の馬木、ここに住む人と、ここを訪れる人をつなぐベースキャンプとなる小屋の設計施工を行った。
この建築は瀬戸内国際芸術祭2013、小豆島・醤の郷＋坂手港プロジェクトのなかで建てられた。災害に潰されても、自分たちの力でまた建てられる建築があって良いのではないか。高度に専門化・分業化が進み建築が商品になっている現代において、建築を自らの手でつくるという選択肢もあって良いのではないか。誰もが「つくる」ことに関われるように高度な技術を要する仕口はなく、材料費は300万円、重機を使わずに運べる材料でできている。

〔DATA〕

所在地	香川県小豆郡小豆島町馬木甲967
竣工	2013年
設計	ドットアーキテクツ
事業主	個人
企画	瀬戸内国際芸術祭2013
運営	瀬戸内国際芸術祭
施工	ドットアーキテクツ
確認申請上の用途	集会場
敷地面積	261.34㎡
建築面積	59.63㎡
延床面積	43.07㎡
構造・工法	木造
階数	1階
用途地域	地域指定なし

〈誰もが関われるつくり方〉

構造家の満田衛資氏と考案した、セルフビルドを可能にする構法によって建設現場に非専門家のさまざまな人たちのかかわりしろをつくり出すことができている。全ての部材は軽さと仕口加工の容易さを両立できる構成とした。
梁間方向に壁のない平面計画のためラーメン構造としており、高さ60cmまで立ち上げた鉄筋コンクリート柱型を利用した根巻柱脚型の掘立柱とすることで柱脚固定度をあげている。

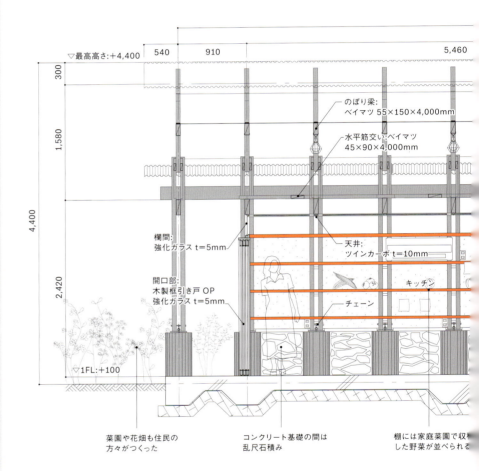

〈建築と人の関わり〉

人とまちをつなぐ媒介としての5つのメディアをとおして、地元の老若男女と観光客が入り交じる不思議な公共空間が存在している。福祉や教育、集いを通じた小さい社会実験の場となり、地域住民の活動や行政の協力によって存続し、みんなに開かれた場となっている。

② 野菜
地域に伝わる野菜をお裾分けする「食べだすけ」のための棚。家庭菜園が豊かな地域の野菜を、地元の人も観光客も自由に調理して食べられるキッチン。

掘立柱
基礎から柱脚を円柱型に60cm立ち上げ、柱を挿す構法とすることで誰もが簡易に建てられる。

① 動物
山羊が馬木キャンプの唯一の住人。一過性の観光客と地元をつなぐ媒介者。

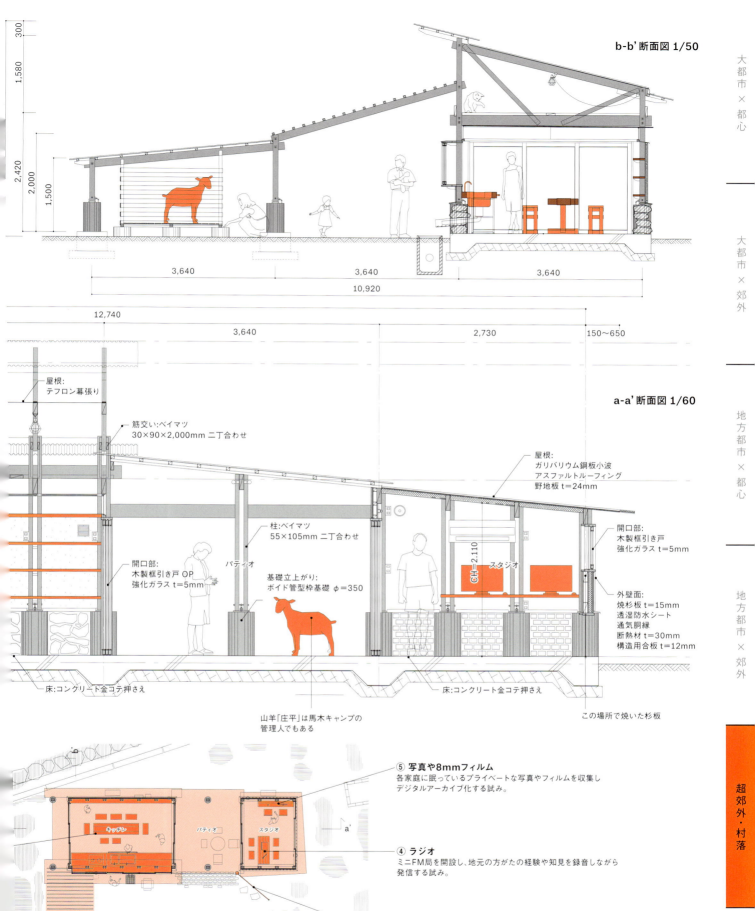

39 体験型宿泊施設

古志古民家塾

江角アトリエ

主な用途	食べる飲む	育てる(植物)	催す	相談する
寝る	学ぶ	遊ぶ	買う売る	展示する
くつろぐ	働く	運動する	借す借りる	治療する
読む	つくる	見守る	あげるもらう	泊まる

【KEYWORD】

・ガランドウをつくる
・ゆったりとした時間を過ごす
・建築ワークショップ

古民家を宿泊やイベントなどのシェアスペースと設計事務所にリノベーションするに当たり、小さな蔵を設計事務所に、広い母屋は和室続き間を板間と土間のガランドウとし、フレキシビリティの高い空間とした。竈、囲炉裏、五右衛門風呂、石窯、井戸などを設え、ゆったりとした時間を訪れた人達でシェアする場となるように計画した。宿泊体験、料理教室、コンサート会場、展示場など、様々な用途がここを訪れる様々な人達によって発見され、活用の幅が広がっている。不便さのなかの豊かさが売りであるが、スローライフは人々と共有する事で不便も楽しみとなる事を実感している。伝統工法を体験する機会として改修工事にもワークショップを取り入れている。

【DATA】

所在地	島根県出雲市古志町2571
竣工	2009年
設計	江角アトリエ
事業主	古志古民家塾
企画	古志古民家塾
運営	古志古民家塾
施工	内藤組、建築ワークショップ、施主施行
確認申請上の用途	住宅
敷地面積	1,680㎡
建築面積	196.88㎡
延床面積	214.27㎡
構造・工法	木造在来工法
階数	1階(蔵のみ2階)
用途地域	指定なし

〈土間―活動の中心〉
古志古民家塾は様々な用途に使われるも、多くの場合土間が活動の中心となる。大きな屋根の下に展開するオープンなスペースは四方に視界が開けながらも、ひとつの囲われた場となっている。また、床はモルタル仕上げのため、少々汚しても掃除は簡単である。夏は風が通り抜けてゆき涼しく、冬は薪ストーブを焚いて囲炉裏を囲めば寒さを忘れて過ごす事ができる。

〈薪ストーブ・かまど・五右衛門風呂〉
薪を割るしごと、火をくべるしごとはコツが必要。教える・教わる関わりを生む。

〈造り付けのアイランドキッチン〉
跳ね上げ式になっており、大勢で利用するときは台を広く使うことができる。

〈手づくりの椅子〉
木工教室のワークショップを行った際、参考作品として廃材や小枝で作成したもの。個性的なかたちの椅子がいくつも並ぶ様子は、和やかな雰囲気を生む。また、作品の使い心地や耐久性を体感することができる。

〈脱着式の囲炉裏〉
囲炉裏を使わない際は、框を床板に組み替え、広い板の間となる。板の間は土間から小上がりになっており、ステージやくつろぎの場となる。

〈活動が生まれる場所〉
築200年の民家を7年掛かりで、可能な限り自分達で解体と施工を行った。改修ワークショップで人手を募り、土壁塗りなどの体験をシェアする日曜建築学校を開催した。
石窯でのピザ焼、かまどでの調理など失敗の中からスキルアップする体験塾と、ここを訪れる様々な人達のニーズから新しい活動が次々に生まれている。イベントでは50人程度、宿泊では10人程度のキャパシティーであるが、大勢が集まっても気持ちは窮屈にならず、裏山の緑や広い空を背景に気持ちの安らぐ場として皆に愛されている。宿泊客は東京や大阪をはじめとした都市や海外からも訪ねてくる。

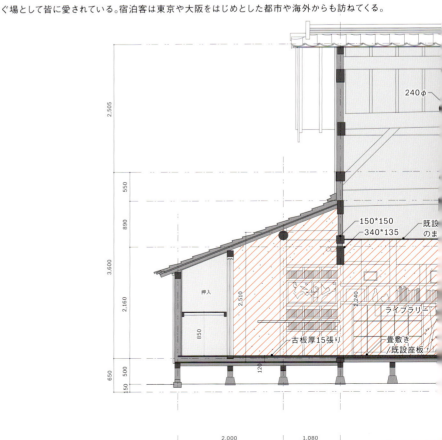

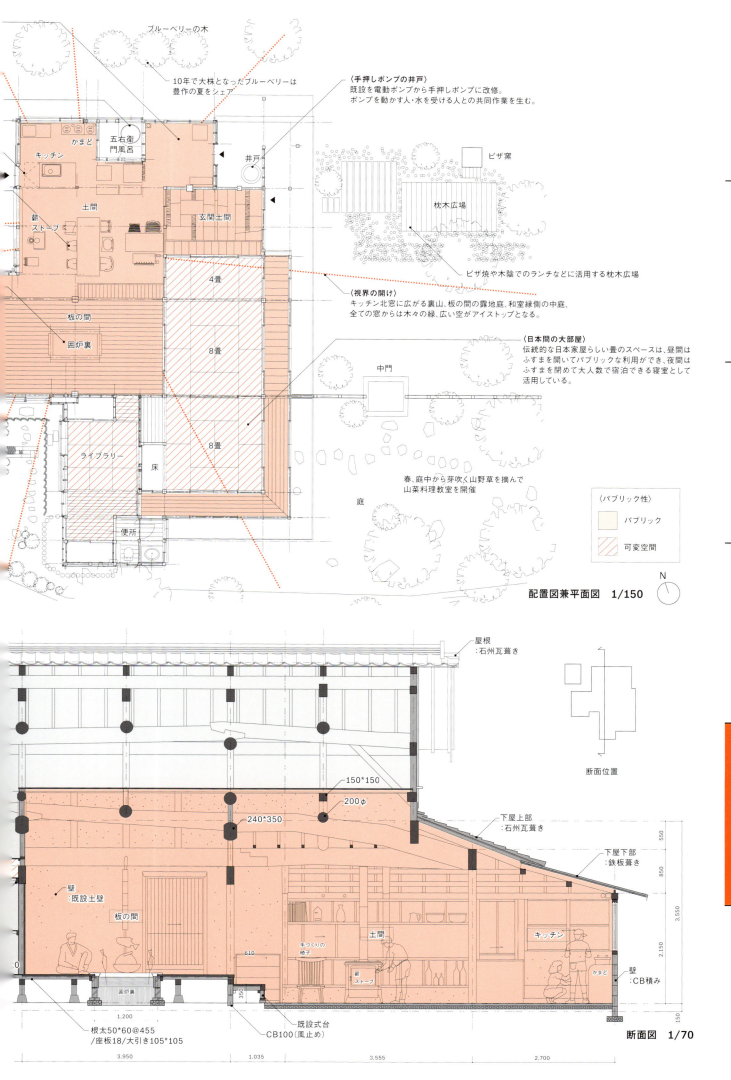

40 地域連携型教育拠点

隠岐國学習センター

西田司＋萬玉直子＋後藤典子／オンデザイン

主な用途	食べる飲む	育てる（植物）	催す	相談する
寝る	学ぶ	遊ぶ	買う売る	展示する
くつろぐ	働く	運動する	借す借りる	治療する
読む	つくる	見守る	あげるもらう	泊まる

〔KEYWORD〕

・まちと人をつなぐパブリックスペース
・過去と未来をつなぐ時間軸の共有
・同時多発で多中心な人の集まり方

民家を継承し、島の公共建築としてひらくプロジェクトである。隠岐國学習センターは、幅広い学力層の生徒の学習をサポートし、進路実現を支援する、地域と高校が連携した公立塾である。高校生の学習環境に加えて、Iターンのスタッフが働く場であり、地域の人にも開放された交流空間としても機能している。築100年の民家を継承し、島の生活文化を残した場は、離島という有限な環境において固定しがちな人との関係性を、有機的な交流を生み育んでいく役割をもっている。敷地に接する2本の道を結ぶように貫通する"通り土間"と名付けたパブリックスペースが軸となり、多中心な人の集まる環境を設計している。

〔DATA〕

所在地	島根県隠岐郡海士町
竣工	2015年
設計	西田司＋萬玉直子＋後藤典子／オンデザイン
事業主	海士町
運営	隠岐國学習センター
施工	門脇工務店
確認申請上の用途	事務所（公立塾）
敷地面積	861.76㎡
建築面積	353.84㎡
延床面積	450.33㎡（改修棟166.33㎡／増築棟284.00㎡）
構造・工法	木造
階数	2階
用途地域	都市計画区域外のため指定なし

〈民家を公共建築としてひらく〉

敷地に建つ、築100年の民家の改修＋増築の計画である。地域の生活文化が残り、風景に根付いてきた民家を、建物を貫通するパブリックスペース"通り土間"を軸とした公共建築としてひらく。過去を継承し、未来へあたらしいものをつくる時間軸共有の実践。

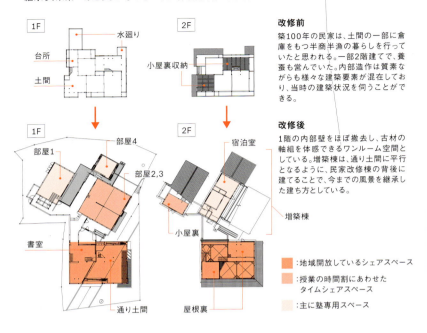

改修前
築100年の民家は、土間の一部に倉庫をもつ半商半漁の暮らしを行っていたと思われる。一部2階建てで、養蚕も営んでいた。内部造作は質素ながらも様々な建築要素が混在しており、当時の建築状況を伺うことができる。

改修後
1階の内部壁をほぼ撤去し、古材の軸組を体感できるワンルーム空間としている。増築棟は、通り土間に平行となるように、民家改修棟の背後に建てることで、今までの風景を継承した建ち方としている。

〈使い手が主体的に参加するパブリックなプロセス〉

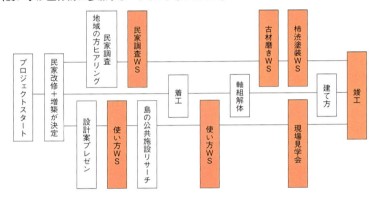

〈島の新しい動線"通り土間"〉

敷地は、湾沿いの集落を走る地域の道と、高校への通学路の坂道に挟まれた角地にある。道は、動線という機能的な性格に加えて、人と人が出会う場でもある。その2本の道をつなげるよう敷地内に、あたらしい道"通り土間"を貫通させる。"通り土間"と名付けたパブリックスペースは、どちらの道からもアクセスのできる表裏のない建ち方となっている。

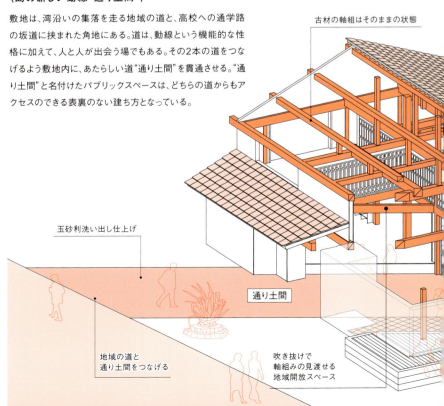

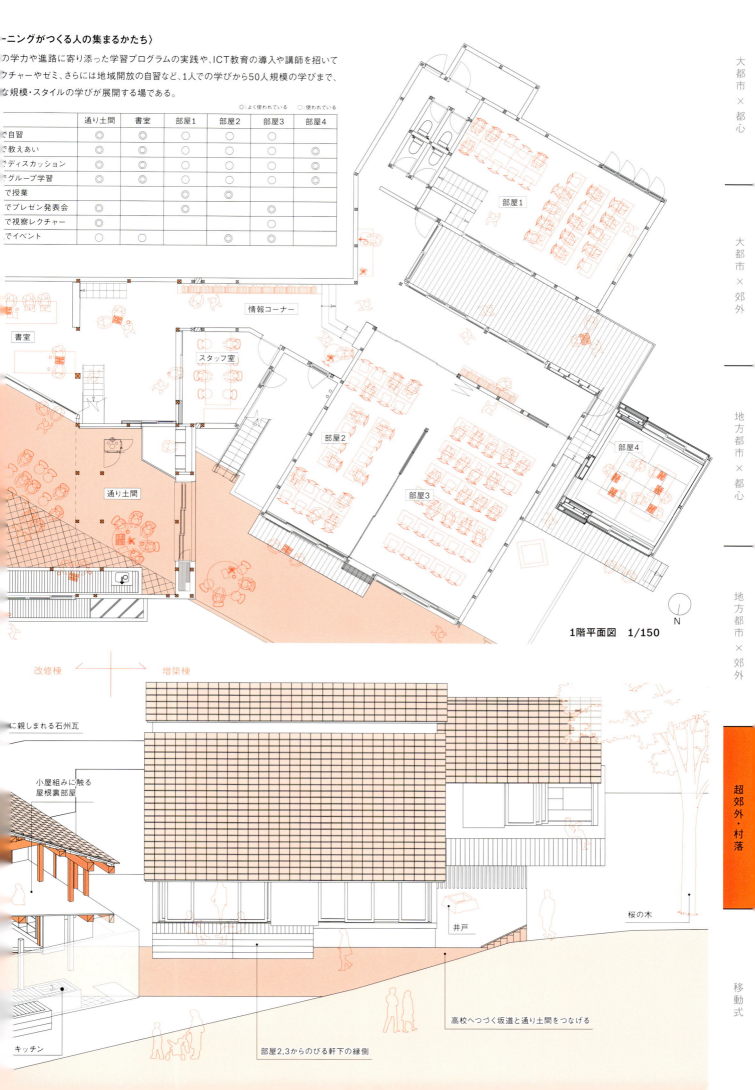

41 寺子屋付き総合デイケアセンター

多古新町ハウス

アトリエ・ワン

主な用途	食べる飲む	育てる(植物)	催す	相談する
寝る	**学ぶ**	遊ぶ	買う売る	展示する
くつろぐ	働く	運動する	借す借りる	治療する
読む	つくる	**見守る**	あげるもらう	**泊まる**

〔KEYWORD〕

・ケア
・ロッジア(軒下空間)
・寺子屋

社会福祉法人福祉楽団が運営する高齢者と障がい児のデイケア施設。庭を囲んで宿泊可能な高齢者のデイケアと障がい児のデイケアがL字に配されており、町の中心に向いた交差点側に近所の小・中・高校生や国家試験の受験生が24時間自由に利用できる寺子屋も附属している。寺子屋にはトイレがないため、トイレを借りに子どもたちがデイケアに出入りする。このときちょっとした会話が生まれる。宿泊施設部分の空き部屋にも高校野球児2名が下宿しており、さまざまな世代がなにげなく日常的に同居する空間となっている。

〔DATA〕

所在地	千葉県香取郡多古町多古2686-1
竣工	2013年
設計	アトリエ・ワン
建主	福祉楽団
企画	福祉楽団
運営	福祉楽団
施工	白井興業
確認申請上の用途	デイサービスセンター
敷地面積	1666.02㎡
建築面積	538.70㎡
延床面積	483.07㎡
構造・工法	鉄骨造
階数	1階
用途地域	第一種住居地域・近隣商業地域

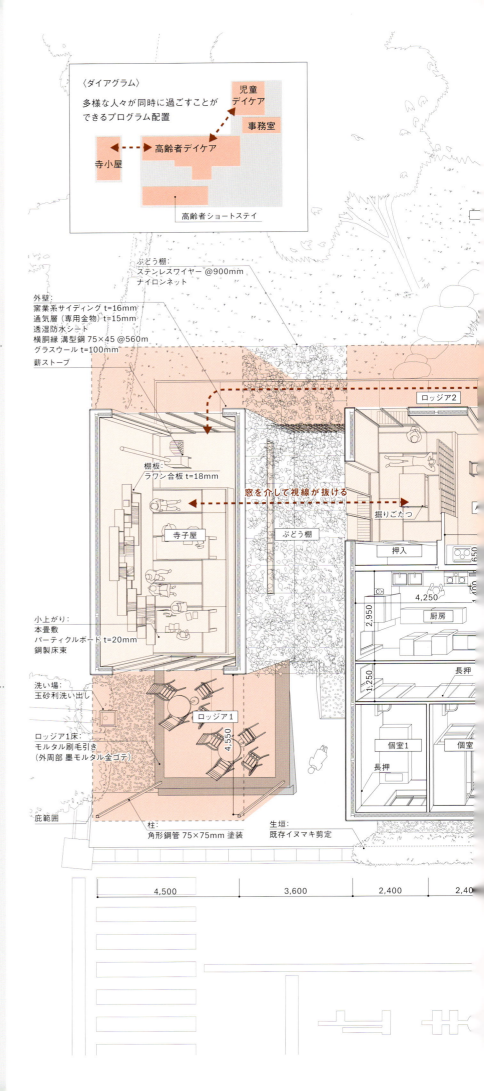

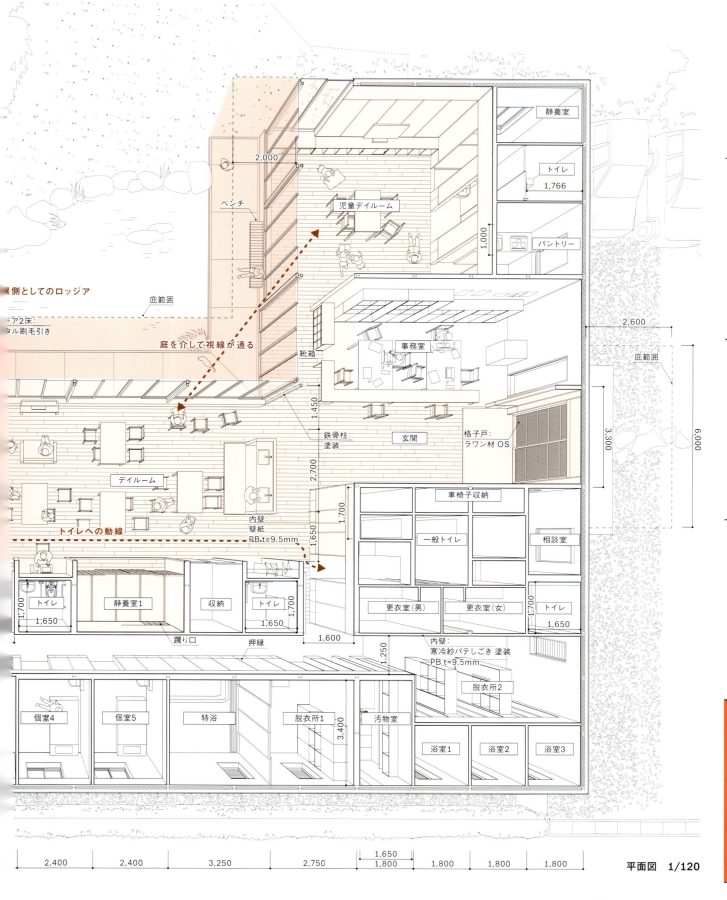

42 コミュニティカフェ

りくカフェ

成瀬・猪熊建築設計事務所

主な用途	食べる飲む	育てる（植物）	催す	相談する
寝る	学ぶ	遊ぶ	買う売る	展示する
くつろぐ	働く	運動する	借す借りる	治療する
読む	つくる	見守る	あげるもらう	泊まる

〔KEYWORD〕

- 風車型に絡む平面構成
- 屋根勾配による分節
- 多用途な小上がり

これは、東日本大震災において甚大な被害を受けた陸前高田市にコミュニティカフェ「りくカフェ」をつくり、被災した地域のみなさんと一緒に運営を続けているプロジェクトである。2014年に仮設から本設へ移行した。小さな建築ながらも、屋根の勾配によって空間を分節し、カウンター＆ショップ・カフェ・小上がり・厨房の4つに振り分けた。これによって小上がりで雑談をしたり、手早く食事を取ったり、イベントに参加したり、様々な利用をより自由で快適に行えるようにした。天井面は登り梁を現しにし、仮設がまだまだ多い地域において、象徴的で温かみのある内部空間を提供している。この特徴的な屋根の形状は、寄せ棟でも切り妻でもないが、周囲の家々に適度に馴染みつつも、特徴的な外観をつくり出している。

〔DATA〕

所在地	岩手県陸前高田市高田町鳴石22-9
竣工	2014年
監修	猪熊純／首都大学東京、成瀬友梨／東京大学
設計	成瀬・猪熊建築設計事務所
建主	NPO法人りくカフェ
企画	NPO法人りくカフェ、東京大学 小泉秀樹研究室、成瀬・猪熊建築設計事務所
運営	NPO法人りくカフェ
施工	吉田建設
確認申請上の用途	飲食店
敷地面積	239.95㎡
建築面積	83.46㎡
計画面積	70.87㎡
構造・工法	木造
階数	1階
用途地域	第一種中高層住居専用地域

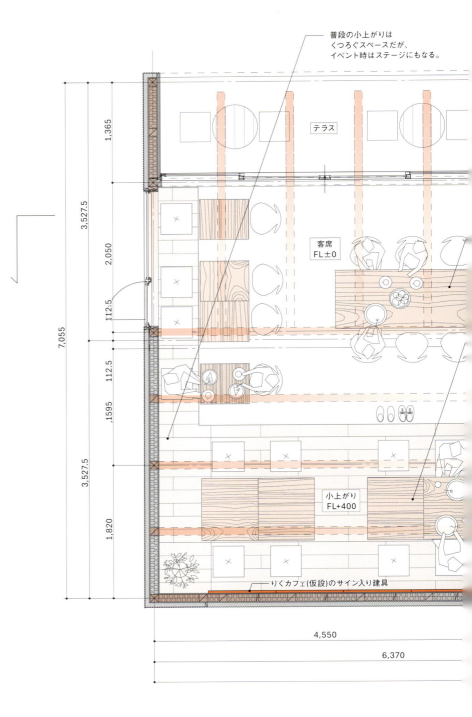

配置図　1/2,000

〈地域との連携と介護予防事業への展開〉

カフェ事業に併せて、コミュニティカフェとしては全国に先駆けて、市と連携して介護予防事業を展開している。単に地域の交流の場だけでなく、地域の健康づくりの核を担い、またこれにより事業性が向上している。

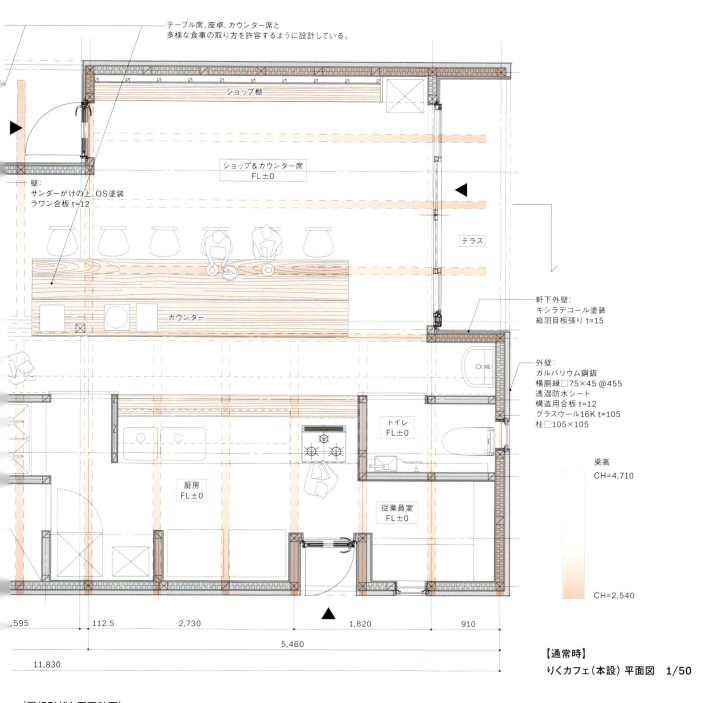

【通常時】
りくカフェ（本設）平面図　1/50

〈屋根形状と平面計画〉
風車型に絡む勾配屋根によって、様々なアクティビティに対応できるよう配置された空間を大らかに分節している。天井が低いところは小上がりなど落ち着ける場所になっている一方、中心は天井高が高く、一体的な空間を感じさせる構成になっている。

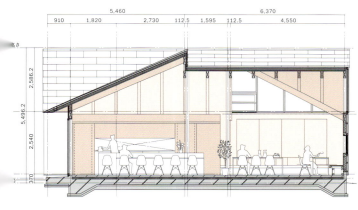

断面図　1/150

小屋組の大きな空間に、厨房のボックスが配置されている

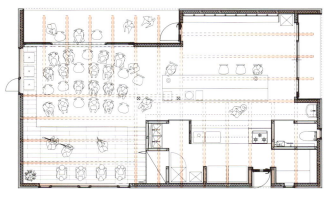

【イベント時】平面図　1/150

イベント時は小上がりがステージになり、地域の人たちが集まる

43 コミュニティレストラン

島キッチン

安部良／ARCHITECTS ATELIER RYO ABE

主な用途	食べる飲む	育てる（植物）	催す	相談する
寝る	学ぶ	遊ぶ	買う売る	展示する
くつろぐ	働く	運動する	借す借りる	治療する
読む	つくる	見守る	あげるもらう	泊まる

〔KEYWORD〕

・故郷をシェアする建築
・人と人、島と島をつなぐ
・境界のない「領域感」

美味しい食事と素晴らしい建築をめざし、人々は世界中を旅する。旅先を「新しい故郷」と感じられる出会いを演出することが、この建築の使命だ。かつて瀬戸内の島々は海を介してつながっていた。香川県豊島、高齢化過疎化がすすむ島が世界の人達とつながっていく、その光景を体験する劇場が「島キッチン」である。島で手に入る資材と島の労働力によって、柿の木の木陰を広げたような建築が何事もなかったかのように現れた。島で手に入る食材で島のお母さん達が料理をする。もてなす側ももてなされる側も、見る人も見られる人も、木陰で昼寝をする人さえも、ここでは自分の役を演ずることができる。誰もが帰属できる場所。瀬戸内国際芸術祭の後もなお、その光景は続いている。

〔DATA〕

所在地	香川県小豆郡土庄町豊島唐櫃
竣工	2010年
設計	安部良／ARCHITECTS ATELIER RYO ABE
建主	瀬戸内国際芸術祭実行委員会＋アートフロントギャラリー
企画	瀬戸内国際芸術祭実行委員会
運営	瀬戸内こえびネットワーク
施工	植原工務店　野村組
敷地面積	1,100㎡
建築面積	429㎡
延床面積	285㎡
構造・工法	鉄骨造
階数	1階
用途地域	指定なし

焼杉屋根構造詳細図

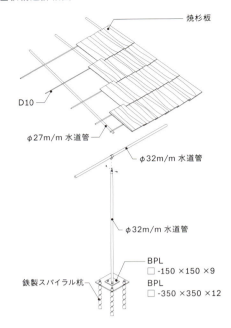

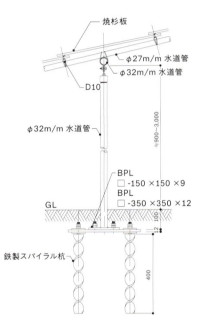

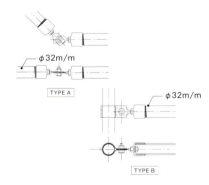

テラス席：
演目に併せて客席にもステージにもなる柿の木を中心に焼杉と水道管の日除け屋根を設置

〈施工プロセスとメンテナンスをシェアする〉

日除け屋根は、離島で手に入る限られた材料と工法で、短時間に建設できる設計とした。

水道管を構造体とし、なまし鉄線で連結、母屋は鉄筋で組み、外壁用の焼き杉板を結束バンドで固定する。基礎は農業用温室用に開発されたスパイラル基礎を流用。

杉板は毎年冬期に下ろし、構造体の締め直しをして葺き直す。こうした毎年のメンテナンスには、施工に携わった島内の職人や芸術祭ボランティアも参加し、集落の新しいイベントになっている。

〈境界のない建築〉

敷地には1軒の空き家と蔵、みかん倉庫だけが残されており、集落の住民が空き地にイチジクの木や花を植え、柿の木の木陰に集いおしゃべりを楽しんでいた。この小さなコミュニティを残しつつ、より多くの人達を招き入れられるよう、浮き島状のデッキと、それらを覆う大きな軒だけで場を作り出す設計とした。敷地の樹木は切らず、柿の木の木陰を一回り大きくしたような建築をレイアウトした。

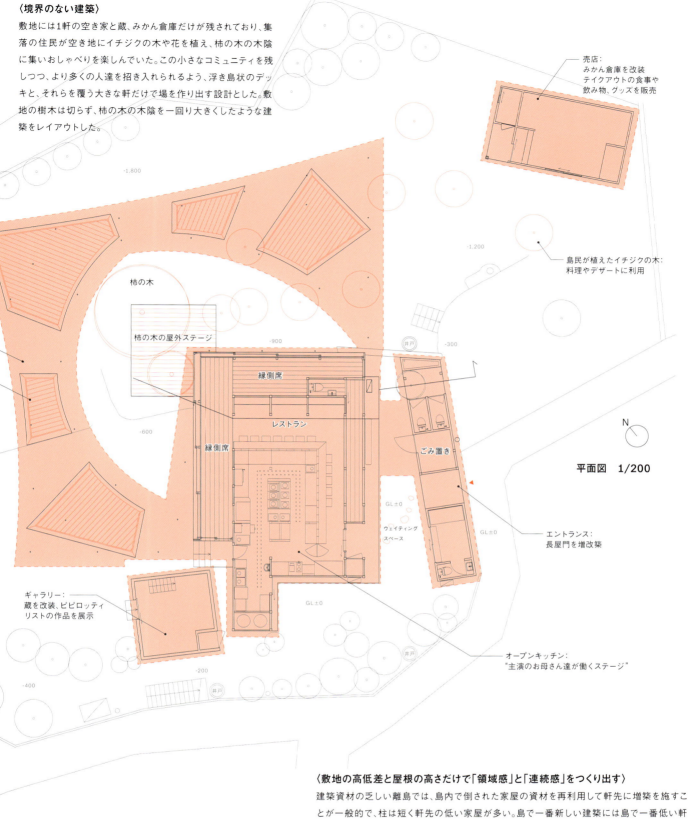

平面図 1/200

- 売店：みかん倉庫を改装 テイクアウトの食事や飲み物、グッズを販売
- 島民が植えたイチジクの木：料理やデザートに利用
- 柿の木
- 柿の木の屋外ステージ
- 縁側席
- レストラン
- 縁側席
- ごみ置き
- ウェイティングスペース
- エントランス：長屋門を増改築
- ギャラリー：蔵を改装、ピピロッティ・リストの作品を展示
- オープンキッチン："主演のお母さん達が働くステージ"

〈敷地の高低差と屋根の高さだけで「領域感」と「連続感」をつくり出す〉

建築資材の乏しい離島では、島内で倒された家屋の資材を再利用して軒先に増築を施すことが一般的で、柱は短く軒先の低い家屋が多い。島で一番新しい建築には島で一番低い軒先が似合っていると考えた。既存の母屋の軒の高さを延長しながら新しい建築の屋根の高さを決定し、天井の低い親密な空間と、天井の高い集いの空間が連続的な軒下に生まれた。

断面図 1/200

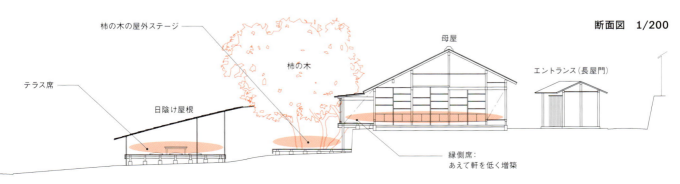

- 柿の木の屋外ステージ
- テラス席
- 日陰け屋根
- 柿の木
- 母屋
- エントランス（長屋門）
- 縁側席：あえて軒を低く増築

44 地域開放型テレワークオフィス

えんがわオフィス

伊藤暁 + 須磨一清 + 坂東幸輔

主な用途	食べる飲む	育てる(植物)	催す	相談する
寝る	学ぶ	遊ぶ	買う売る	展示する
くつろぐ	働く	運動する	借す借りる	治療する
読む	つくる	見守る	あげるもらう	泊まる

〔KEYWORD〕

・透明な外壁
・大きな縁側と庇
・オープンな広場

徳島県の神山町にある、東京に本社を構える企業のサテライトオフィス。築80年ほどの民家(母屋、蔵、納屋の三棟)をオフィスに改修する計画。「東京」の「企業」が「事務所」を構えるという出来事を町に定着させるため、その接点・境界のありかたを設計している。外壁をガラス張りとし、中で行われていることが外から見えるようにして、そのまわりに大きな縁側と庇を計画した。この縁側は、従業員の休憩の場所であり、同時に地域の人びとがふらりと立ち寄れるような場所でもある。また、敷地境界のブロック塀を撤去して、隣にある劇場「寄井座」にも開かれた計画となっている。縁側には近所からの差入れが並び、事務所前の広場では子供が遊び、時には阿波踊りの連(踊りの集団)がやってくる。一企業のプライベートなオフィスでありながら、不思議な公共性を持った場所になっている。

〔DATA〕

所在地	徳島県名西郡神山町神領字北88-4
竣工	2013年
設計	伊藤暁 + 須磨一清 + 坂東幸輔
建主	プラットイーズ
施工	和田建材
確認申請上の用途	事務所
敷地面積	1,113㎡
建築面積	母屋棟114.2㎡、蔵棟39.3㎡、納屋棟21.7㎡
延床面積	母屋棟161.0㎡、蔵棟68.8㎡、納屋棟21.7㎡
構造・工法	木造
階数	2階
用途地域	都市計画区域外

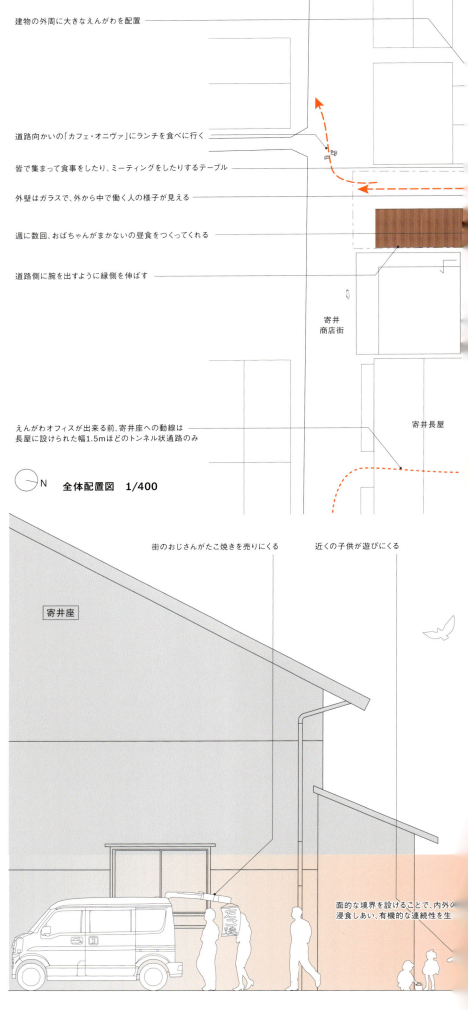

全体配置図 1/400

母屋棟断面図 1/75

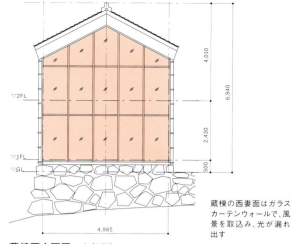

蔵棟西立面図　1/150

蔵棟の西妻面はガラスカーテンウォールで、風景を取込み、光が漏れ出す

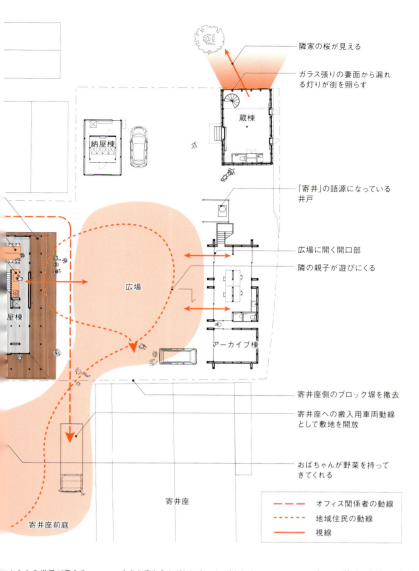

- 隣家の桜が見える
- ガラス張りの妻面から漏れる灯りが街を照らす
- 「寄井」の語源になっている井戸
- 広場に開く開口部
- 隣の親子が遊びにくる
- 寄井座側のブロック塀を撤去
- 寄井座への搬入用車両動線として敷地を開放
- おばちゃんが野菜を持ってきてくれる

凡例：
- --- オフィス関係者の動線
- ⋯⋯ 地域住民の動線
- ── 視線

〈境界を設計する〉

東京の企業が中山間地域の町にオフィスを構えるということは、「他者」と「地域」が出会うということだ。そのとき、両者の接し方、つまり境界のあり方はとても重要な問題となる。ここでは、既存の古家の外壁を全面ガラス張りとして、中にいる人びとの振舞いが外から見えるようにしている。ここまでやるか、というほどに「過剰に透明」であることは、具体的に可視性を高めるだけでなく、建物自体が、「オフィスが地域に開かれている」というメッセージを発するという点でも有効である。

しかし一方で、透明なガラス一枚で隔てられることは、不透明な壁よりも強烈な境界の「線」を作ってしまい、「内」と「外」がきっぱりと分かれすぎてしまう。そこで広場に面した母屋棟では、ガラス面に添って建物の周りにおおきな庇とえんがわを配置している。この空間が内部と外部のバッファーとなり、中の人を導き出し、外の人を迎え入れる。仕事の合間に休憩したり、ミーティングをしたりしているところに地域の人たちがやってきておしゃべりをしたり、農作物を差し入れてくれたりする。近所の子供が遊びにきて寝転がっていたり、時には飲み会が行われることもある。「線」としてではなく、「面」として境界を設計することで、そこは多様なアクティビティの受け皿となり、前の広場や建物の内部にまで連続する「場の広がり」をもたらしてくれる。

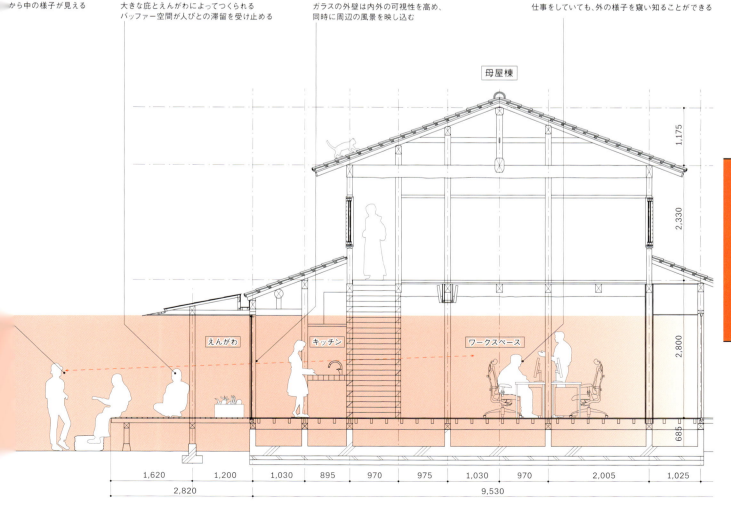

- から中の様子が見える
- 大きな庇とえんがわによってつくられるバッファー空間が人びとの滞留を受け止める
- ガラスの外壁は内外の可視性を高め、同時に周辺の風景を映し込む
- 仕事をしていても、外の様子を窺い知ることができる

45 シェア別荘

KASHIMA SURF VILLA

千葉学建築計画事務所

主な用途	食べる 飲む	育てる（植物）	催す	相談する
寝る	学ぶ	遊ぶ	買う 売る	展示する
くつろぐ	働く	運動する	借す 借りる	治療する
読む	つくる	見守る	あげる もらう	泊まる

〔KEYWORD〕

・断面による距離のデザイン
・個室と、余白としてのコモン
・多様な人の集まり方に応じた居場所

海の目の前に建つ共同所有の別荘。波乗りが好きな人たちが気の赴くままに集まって、一緒に海に入ったり食事をしたりできたら楽しいだろうという思いがそのままかたちになったプロジェクトである。夫婦で、あるいは友人とともに訪れたときに宿泊できる個室を、共用のリビングと地続きに設けたり（1階）、程よい距離を確保したり（2階）、プライベートな場所と共用の場所相互の多様な距離感を、個室とリビングを断面的に互い違いに配置することでデザインしている。子連れの家族は1階であそびまわったり、友人同士は2階でゆっくり食事をしたりと、それぞれが気ままに自由な時間を過ごすこともできれば、そこで出会った人を介して友人の輪を広げていくなど、緩やかなコミュニティの拠点ともなる格好の場が生まれている。

〔DATA〕

所在地	茨城県鹿嶋市
竣工	2003年
設計	千葉学建築計画事務所
建主	鹿嶋コーポラティブヴィラ建設組合
企画	都市デザインシステム
運営	自治
施工	関根工務店
確認申請上の用途	戸建住宅
敷地面積	151.90㎡
建築面積	104.44㎡
延床面積	195.76㎡
専有部	73.42㎡
共用部	122.34㎡
構造・工法	鉄骨造
階数	2階
用途地域	指定なし

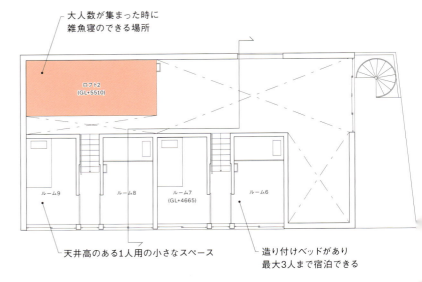

2階平面図　1/150

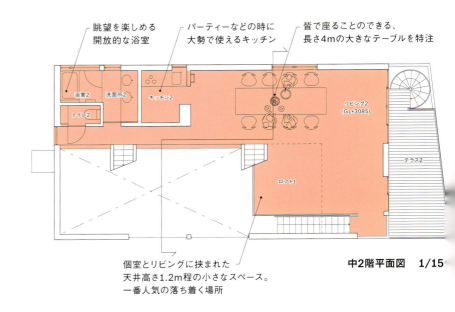

中2階平面図　1/150

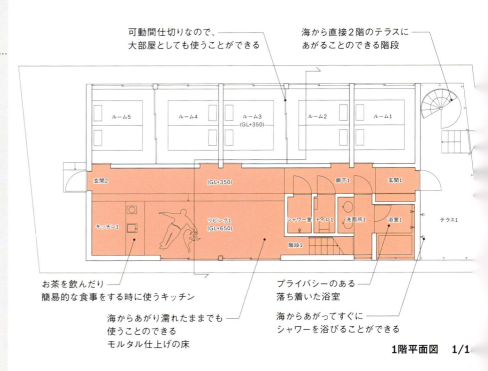

1階平面図　1/150

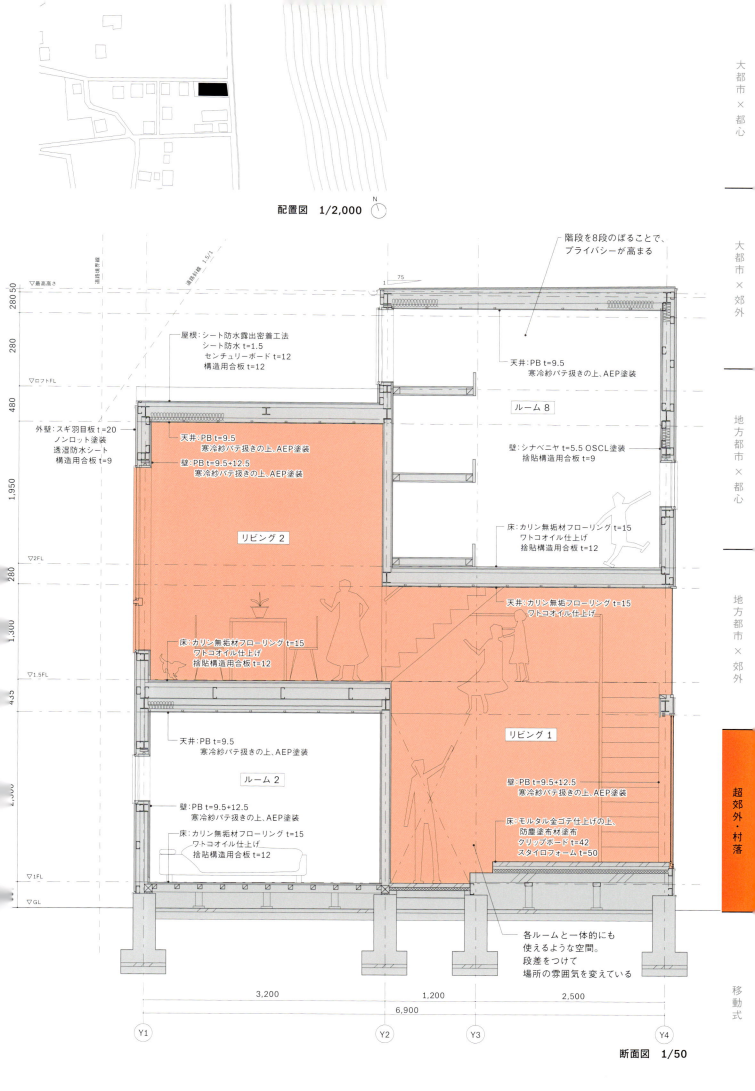

46 グループホーム＋デイサービスセンター

もやいの家瑞穂

大建met

主な用途	食べる 飲む	育てる (植物)	催す	相談する
寝る	学ぶ	遊ぶ	買う売る	展示する
くつろぐ	働く	運動する	借す借りる	治療する
読む	つくる	見守る	あげるもらう	泊まる

〔KEYWORD〕

・家庭的スケールの連続する大空間
・地域を呼び込む深い軒
・可変性のある場づくりを促す家具

2階はチームでの介護により多様な場面への対応を可能にするため、2ユニットを統合したグループホーム。大規模化により本来意図する家庭的な雰囲気を失うことのないよう、リビングエリアを上部では低い垂れ壁と屋根形状、下部では家具により細かく分節して多様な居場所をつくり、介護しやすさと、家庭的雰囲気を両立した。1階はデイサービスセンターを中心とした複合用途を、緩やかな領域ごとに連続配置する一方、個々の場所は深い軒と透明感の高いファサードにより内外に連続性のある外向きの空間として地域の人々を呼び込み、場づくりを助ける家具を用意して雑多な活動の混在を可能にする。福祉における異なる立場の人々が、それぞれに過ごしつつ、場の共有を感じることもできる、「みんな違ってみんないい」を空間化した建築である。

〔DATA〕

所在地	岐阜県瑞穂市本田2050-1
竣工	2011年
設計	大建met
建主	社会福祉法人新生会
運営	社会福祉法人新生会
企画	社会福祉法人新生会
施工	土屋R&C
確認申請上の用途	老人福祉施設
敷地面積	1,739.99㎡
建築面積	573.12
延床面積	922.74
構造・工法	鉄骨造
階数	2階
用途地域	第一種低層住居専用地域

1階平面図 1/400

〈使う人へ委ねられた環境〉

2階では生活単位としては大きめな18人の高齢者が生活するが、実際の場面では1人～数名の少人数ごとに過ごし、時間帯でも変化する個にあわせた見守りと介護のため、住宅スケールのスペースをたくさん設けて選択的に居場所を決めることができる。ここでは介護者の居場所も同じ環境にうめ込まれ自然なかたちで寄添うことができる。また1階ではよりフレキシブルで弱い設えのなか、高齢者、介護者の他に、地域の人々も頻繁に出入りするなど、それらの調整の多くが利用者に委ねられている。

関わるすべての人が主体的な生活者であるとの理念のもと、場面に適した自由度を持たせることで、介護コミュニティのこの場を使いこなす能力を引き出す環境であるともいえる。

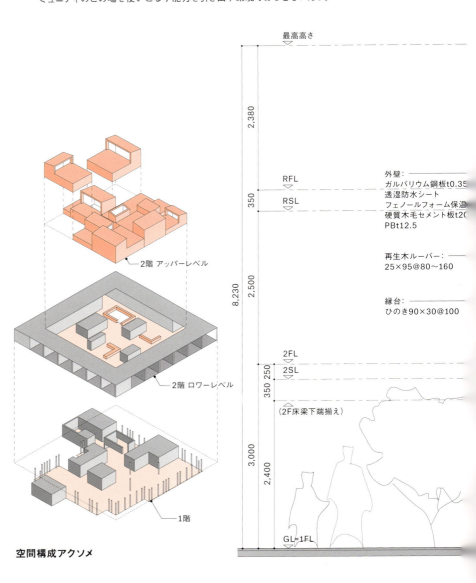

空間構成アクソメ

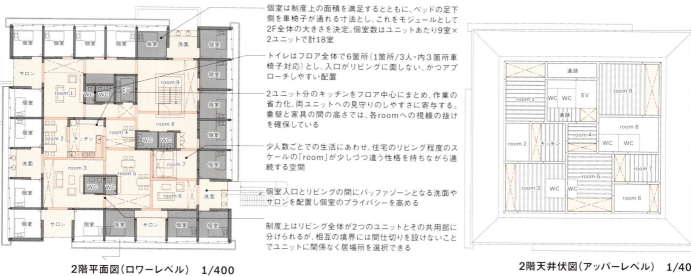

2階平面図（ロワーレベル） 1/400

2階天井伏図（アッパーレベル） 1/400

個室は制度上の面積を満足するとともに、ベッドの足下側を車椅子が通れる寸法とし、これをモジュールとして2F全体の大きさを決定。個室数はユニットあたり9室×2ユニットで計18室

トイレはフロア全体で6箇所（1箇所/3人・内3箇所車椅子対応）とし、入口がリビングに面しない、かつアプローチしやすい配置

2ユニット分のキッチンをフロア中心にまとめ、作業の省力化、両ユニットへの見守りのしやすさに寄与する。垂壁と家具の間の高さでは、各roomへの視線の抜けを確保している

少人数ごとでの生活にあわせ、住宅のリビング程度のスケールの「room」が少しずつ違う性格を持ちながら連続する空間

個室入口とリビングの間にバッファゾーンとなる洗面やサロンを配置し個室のプライバシーを高める

制度上はリビング全体が2つのユニットとその共用部に分けられるが、相互の境界には間仕切りを設けないことでユニットに関係なく居場所を選択できる

階の空間を分節する家具

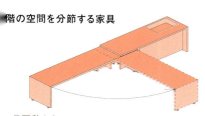

① 可動カウンター
3m近いテーブルが移動することで、団らんの中心も移動し、間仕切りとしても機能して1階の空間を変化させる

② サイコロベンチ
設置方向によってh450でローテーブルやベンチh700で机、h1500で飾棚やパーティション、コートハンガーなど多様な機能を持たせて空間を変化させる

③ コロコロたたみ
3畳＋αの座敷が動いてお茶会を開いたり、サイコロベンチのパーティションで囲って静養コーナーにもなる

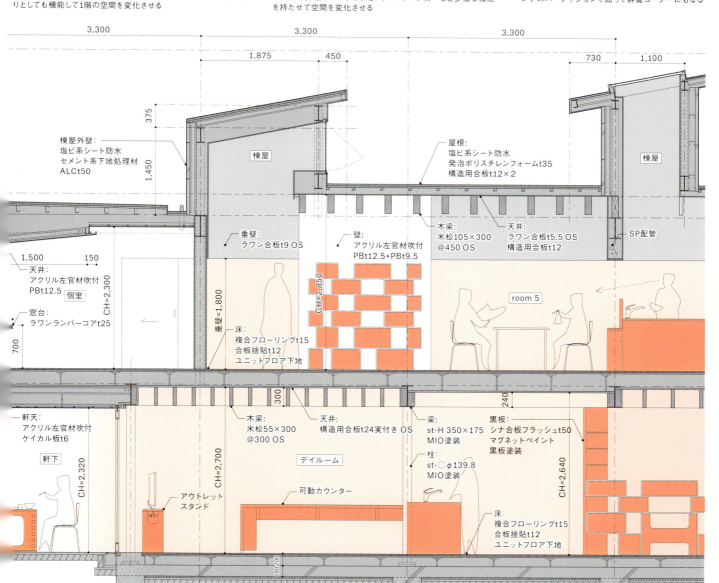

断面図 1/60

47 小規模多機能コミュニティスペース

波板地域交流センター

雄勝スタジオ／日本大学

主な用途	食べる飲む	育てる（植物）	催す	相談する
寝る	学ぶ	遊ぶ	買う売る	展示する
くつろぐ	働く	運動する	借す借りる	治療する
読む	つくる	見守る	あげるもらう	泊まる

〔KEYWORD〕
- 広間を中心に集まる多機能空間
- 利用者が考えながらつくる
- メンバーシップで開かれる集会施設

雄勝町のなかでも最も小規模で高齢化が進んだ集落の一つである波板地区は、震災前より集落の未来を模索するビジョンを持ち、他の地域との交流を試みていた。残存住居と高台移転地の中間に位置する地域交流センターは、地域住民の日常的なよりどころであるとともに、県外を含む他地域から来訪する人びとの活動・交流の場でもある。敷地の中央に広間と和室を配置して四周に広縁をめぐらせ、そこから腕を伸ばすように工房、キッチン、トイレ、浴室を設けることで、多様な活動を可能にし、四つの外部空間をつくり出すとともに、将来の増改築にも対応しやすい計画とした。

〔DATA〕

所在地	宮城県石巻市雄勝町分浜波板140-1
竣工	2014年
設計協力	雄勝スタジオ　担当／佐藤光彦＋日本大学佐藤研究室（富樫由美・藤本陽介・朝倉亮・蔵藤勲）
建主	波板地区会
企画	波板地区会、ナミイタ・ラボ
運営	波板地区会、ナミイタ・ラボ
施工	佐藤建設
用途	集会所
敷地面積	1,179㎡
建築面積	373.86㎡
延床面積	272.23㎡
構造・工法	木造
階数	1階
用途地域	指定なし

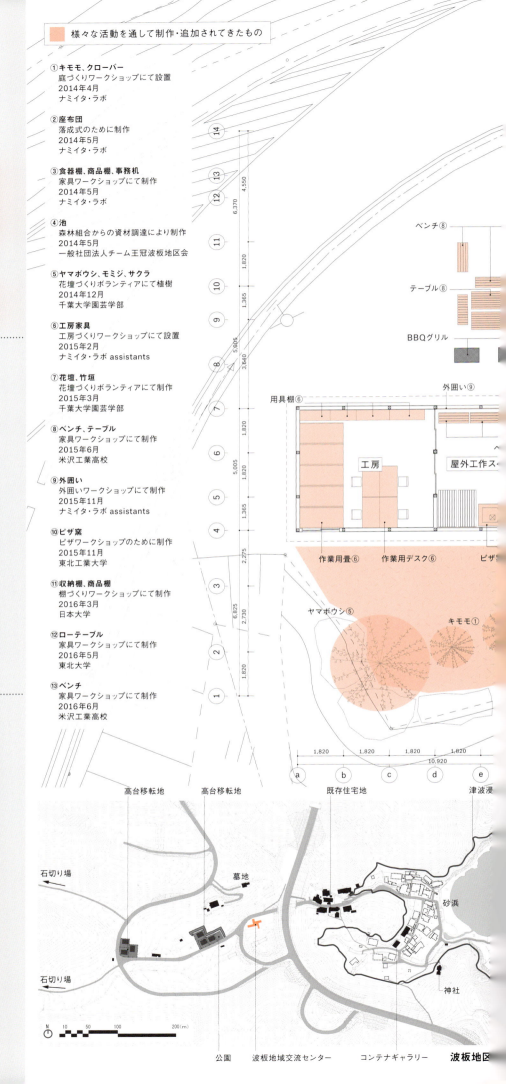

様々な活動を通して制作・追加されてきたもの

① キモモ、クローバー
庭づくりワークショップにて設置
2014年4月
ナミイタ・ラボ

② 座布団
落成式のために制作
2014年5月
ナミイタ・ラボ

③ 食器棚、商品棚、事務机
家具ワークショップにて制作
2014年5月
ナミイタ・ラボ

④ 池
森林組合からの資材調達により制作
2014年5月
一般社団法人チーム王冠波板地区会

⑤ ヤマボウシ、モミジ、サクラ
花壇づくりボランティアにて植樹
2014年12月
千葉大学園芸学部

⑥ 工房家具
工房づくりワークショップにて設置
2015年2月
ナミイタ・ラボ assistants

⑦ 花壇、竹垣
花壇づくりボランティアにて制作
2015年3月
千葉大学園芸学部

⑧ ベンチ、テーブル
家具ワークショップにて制作
2015年6月
米沢工業高校

⑨ 外囲い
外囲いワークショップにて制作
2015年11月
ナミイタ・ラボ assistants

⑩ ピザ窯
ピザワークショップのために制作
2015年11月
東北工業大学

⑪ 収納棚、商品棚
棚づくりワークショップにて制作
2016年3月
日本大学

⑫ ローテーブル
家具ワークショップにて制作
2016年5月
東北大学

⑬ ベンチ
家具ワークショップにて制作
2016年6月
米沢工業高校

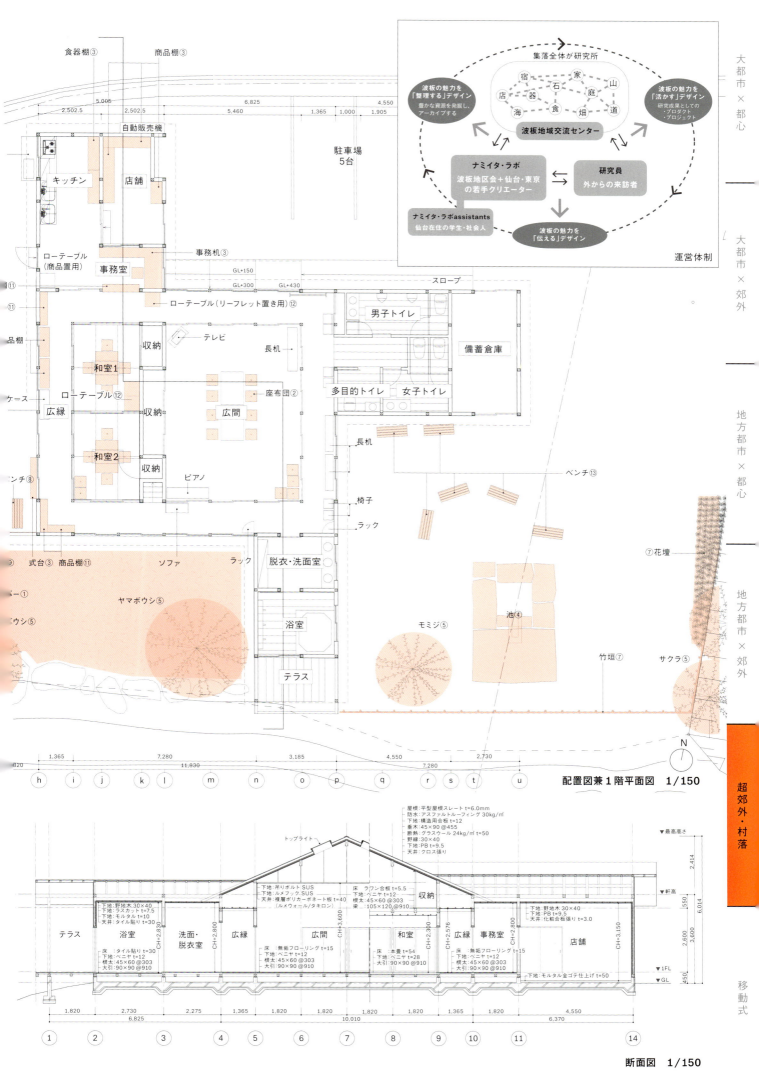

48 移動式パブリックスペース

マイパブリック屋台

ツバメアーキテクツ

主な用途	食べる飲む	育てる(植物)	催す	相談する
寝る	学ぶ	遊ぶ	買う売る	展示する
くつろぐ	働く	運動する	借す借りる	治療する
読む	つくる	見守る	あげるもらう	泊まる

〔KEYWORD〕

・移動変形する「マトリョーシカ型屋台」
・「スキル」の交換を通じた場づくり
・新しい社会貢献「マイパブリック」

資本主義的でもなく、ボランティアでもなく、趣味や特技といったスキルの交換を通して交流や学びの場をつくる新しい社会貢献「マイパブリック」を実現するための屋台。
例えばコーヒーを振る舞ったり、フリーペーパーを配ったり、ワークショップをしたりといった様々な使い方に対応するための仕掛けがたくさんある。構成要素は、場をつくるのに最低限必要な、屋台、茶箪笥、看板の3つからなり、それぞれ特徴的なディテールを持っており、クライアントの名前のアルファベットをモチーフに形を決めている。それらを格納するとコンパクト、展開するとどのような場所にもフィットという矛盾するような条件に応えるマトリョーシカ型屋台とも言える構成になっている。

〔DATA〕

所在地	ー
竣工	2015年
設計	ツバメアーキテクツ
建主	mosaki
運営	mosaki
企画	mosaki+ツバメアーキテクツ
施工	ニュウファニチャーワークス
計画面積	0.35㎡〜
構造・工法	屋台式家具

構成を示す姿図

移動時

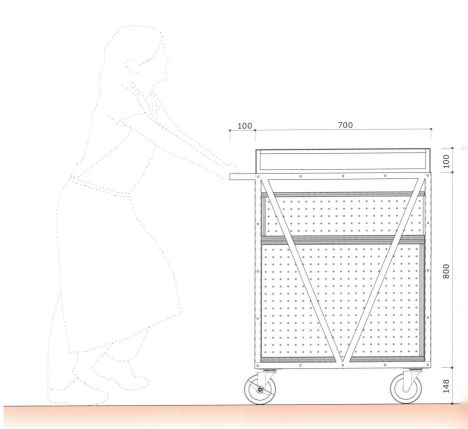

〈マトリョーシカ型屋台〉
マイパブリック屋台は、特徴的ないくつかのパーツで構成されている。
それらはコンパクトにまとまり一人でも運べるように設計されている。

都市との関わりを示すアイソメ図

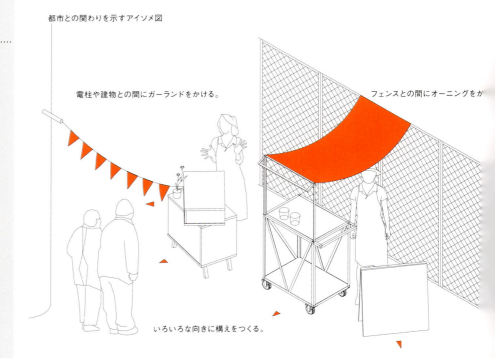

電柱や建物との間にガーランドをかける。
フェンスとの間にオーニングをか
いろいろな向きに構えをつくる。

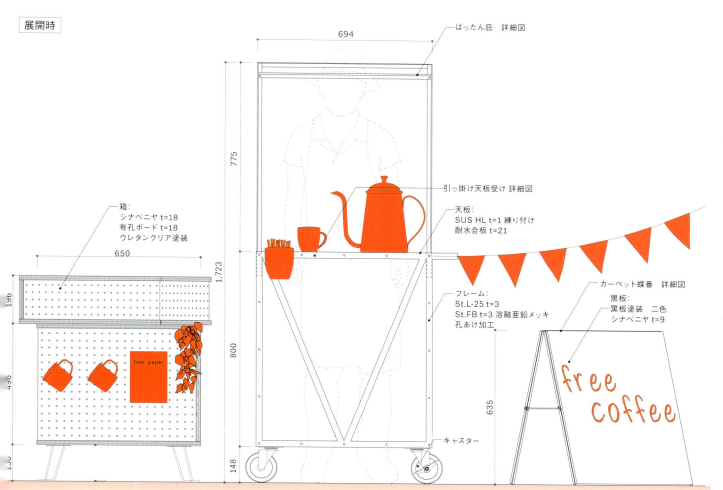

〈□字茶筒〉
ーヒーマシンや道具などを仕舞っておく棚。首振り機
があり、ロボットのように振る舞い、通行人にアピー
。有孔ボードで覆われているため、カップなどを掛ける
ができる。

〈MO屋台〉
まちのタバコ屋サイズの構えを持つメインのフレーム。
溶融亜鉛メッキで仕上げたタフなつくりとなっている。
フレームの孔を利用してガーランドをかけたり、天板端
の溝にシュガーバスケットをかけたりできる。

〈リバーシブルA看板〉
蝶番にパンチカーペットを使ったリバーシブルなA看
板。表と裏に異なる色の黒板塗装がしてあり、昼間と夜
間など使い分けができる。

とモノとの関わりを示す詳細図

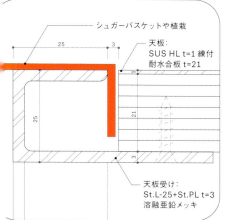
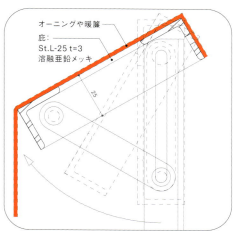
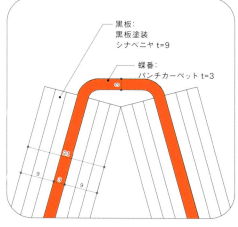

)屋台　引っ掛け天板受け詳細 1:1
板とフレームのバッファを利用し、シュガーバスケット
栽を引っ掛けるスリットとしている。

MO屋台　ばったん庇詳細 1:2
耐久性や、パーツ同士の摩擦を考慮し、塗装ではなく、溶
融亜鉛メッキ仕上げとし、都市空間の構造物との親和
性を作ろうとしている。
庇には孔をあけており、オーニングや暖簾を括り付ける
ことができる。

A看板　カーペット蝶番詳細 1:1
リバーシブルにするためにパンチカーペットを蝶番とし
て利用している。
しなる事で屋外のガタガタした地面でも自立する。

49 移動式パブリックスペース

ホワイトリムジン屋台

筑波大学貝島研究室＋アトリエ・ワン

主な用途	食べる 飲む	育てる （植物）	催す	相談する
寝る	学ぶ	遊ぶ	買う 売る	治療する
くつろぐ	働く	運動する	借りる 借りる	保管する
読む	つくる	見守る	あげる もらう	泊まる

〔KEYWORD〕

・移動屋台
・マイクロパブリックスペース
・空間の領有

十日町に点在するアート作品をつなぐ居場所の創出のため、通常は1.5mほどの屋台のイメージを払拭し、10mに延長したリムジン型の屋台を提案した。十日町は冬の豪雪で有名だが、夏の展覧会となるため、屋台全体を白く塗り、メニューを酒、豆腐、かき氷、漬け物など地元でとれる白い食べ物から構成した。屋台は町のお祭りやイベントに出張営業したり、駆り出されたりした。移動は人力であり、曲がるときには道路の4車線を使うため、町に小さな渋滞を引き起こしたが、その間抜けな様子を沿道の人々は暖かく見守り、助けもしてくれた。白く大きく厄介だがユーモラスで愛着がわくもの。ホワイトリムジン屋台は、十日町における雪のような存在になれただろうか。

〔DATA〕

所在地	－
竣工	2003年
設計	筑波大学貝島研究室＋アトリエ・ワン
建主	越後妻有 大地の芸術祭の里
企画	筑波大学貝島研究室＋アトリエ・ワン
運営	筑波大学貝島研究室＋アトリエ・ワン
施工	筑波大学貝島研究室＋アトリエ・ワン
構造・工法	鉄骨造

視線が抜ける

移動には10名以上の加勢が必

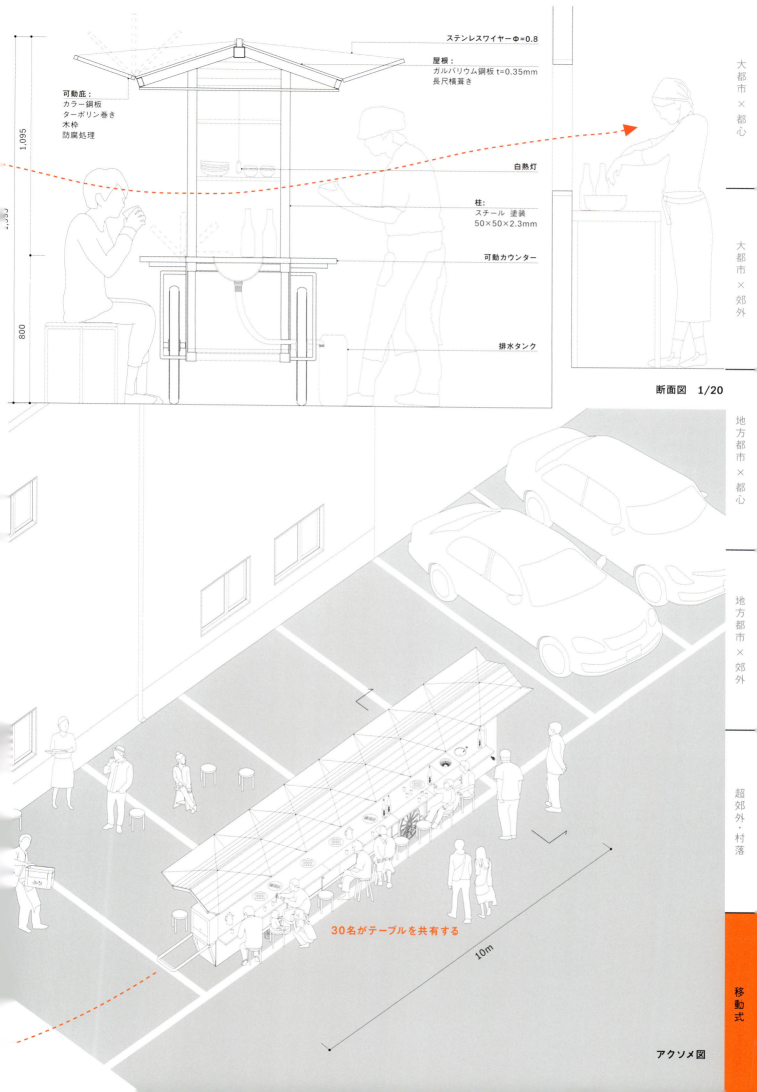

設計者 PROFILE

01　KREI／co-lab西麻布

- 佐藤航（さとう わたる）

1979年生まれ。2003年東京工業大学大学院修士課程修了。2003年コクヨ（株）入社。2016年同会社クリエイティブデザイン部所属。「Cupnoodles Museum museum shop, office」「KOKUYO Shanghai showroom」「CoorsTek Gallery」等、働く場を中心に店舗、ギャラリー等の多様な場を手がける。

- 長岡勉（ながおか べん）

1970年生。慶応大学政策メディア研究科修了。山下設計の後POINTを設立。建築・インテリア・家具の設計を行う。JCDアワード金賞他受賞。2016年秋から事務所に併設してシェアスペース「ハーフハーフ」を始める。武蔵野美術大学・桑沢デザイン研究所非常勤講師。

02　FabCafeTokyo

- 猪熊純（いのくま じゅん）

1977年生まれ。2004年東京大学大学院修士課程修了。千葉学建築計画事務所を経て、2007年成瀬・猪熊建築設計事務所共同設立。2008年より首都大学東京助教。編著書に『シェアをデザインする』等。

- 成瀬友梨（なるせ ゆり）

1979年生まれ。2007年東京大学大学院博士課程単位取得退学。同年成瀬・猪熊建築設計事務所共同設立。2010年より東京大学大学院助教。編著書に『シェアをデザインする』等。

- 〈成瀬・猪熊建築設計事務所〉

代表作に「FabCafe」「りくカフェ」「LT城西」「KOIL・柏の葉オープンイノベーションラボ」「豊島八百万ラボ」等。2015年度建築学会作品選集新人賞、2016年ベネチアビエンナーレ審査員特別賞等、受賞多数。

- 古市 淑乃（ふるいち よしの）

1985年生まれ。名古屋市立大学大学院博士前期課程修了。吉村靖孝建築設計事務所、成瀬・猪熊建築設計事務所に勤務し、仮設住宅、オープンイノベーションセンター、シェアハウス等、多様な建築の設計を担当。2015年古市淑乃建築設計事務所設立。

03　3331 Arts Chiyoda

- 佐藤慎也（さとう しんや）

1968年生まれ。1994年日本大学大学院博士前期課程修了。2016年より日本大学教授。専門は芸術文化施設の建築計画。「3331 Arts Chiyoda」やさまざまなアートプロジェクト等、アートの場を多数手がける。

- 古澤大輔（ふるさわ だいすけ）

1976年生まれ。2002年東京都立大学大学院修了後、メジロスタジオ設立（共同主宰）。2013年リライトデベロップメントへ組織改編（2016年リライト_Dへ名称変更）。2013年より日本大学理工学部専任助教。代表作に「3331 Arts Chiyoda」「中央線高架下プロジェクト」「十条の集合住宅」等。

- 黒川泰孝（くろかわ やすたか）

1977年生まれ。2002年日本大学大学院修了後、メジロスタジオ設立（共同主宰）。2013年リライトデベロップメント（現リライト_D）参画。

- 馬場兼伸（ばば かねのぶ）

1976年生まれ。2002年日本大学大学院理工学研究科修了後、メジロスタジオ設立（共同主宰）。2013年馬場兼伸建築設計事務所（B2Aarchitects／ビーツーエーアーキテクツ（株））設立。現在、明治大学理工学部兼任講師、日本大学理工学部非常勤講師。代表作に「3331 Arts Chiyoda」「瀬田の住宅」「東松山農産物直売所」等。

04　SHIBAURA HOUSE

- 妹島和世（せじま かずよ）

1956年生まれ。1981年日本女子大学大学院修了。1987年妹島和世建築設計事務所設立。1995年西沢立衛とともにSANAAを設立。代表作に「金沢21世紀美術館*」「Dior表参道*」「犬島〈家プロジェクト〉」「ニューミュージアム*」「サーペンタインギャラリーパビリオン*」「Rolexラーニングセンター*」「ルーヴル＝ランス*」「グレイス・ファームズ*」等（*はSANAAとして）。主な受賞に日本建築学会賞*、ベネチアビエンナーレ国際建築展金獅子賞*、プリツカー賞*等。

05　CASACO

- tomito architecture（冨永美保＋伊藤孝仁）

冨永美保と伊藤孝仁による建築設計事務所。2014年に結成。環境を丁寧に観察し、出来事の関係の網目の中に建築を構想する手法を提案している。主な仕事に、丘の上の二軒長屋を地域拠点へと改修した「カサコ／CASACO」、都市の履歴が生んだ形態的特徴と移動装置の形態を結びつけた「吉祥寺さんかく屋台」等。

06　THE SHARE

- 株式会社リビタ

「くらし、生活をリノベーションする」をコンセプトに、既存建物の改修・再生を手がける会社として2005年設立。「次の不動産の常識をつくり続ける」ことを経営ビジョンに掲げ、リノベーション分譲事業やリノベーションコンサルティング事業のほか、シェア型賃貸住宅の企画、運営、PM・サブリース事業、ホテル事業を手がける。
http://www.rebita.co.jp

07　co-ba shibuya

- 株式会社ツクルバ

デザインとビジネスとテクノロジーをかけ合わせて、実空間と情報空間を横断した場づくりを実践する、場の発明カンパニー。日本全国に展開する会員制シェアードワークプレイス「co-ba（コーバ）」、リノベーション住宅のオンラインマーケット「cowcamo（カウカモ）」などの自社事業、（株）アプトとの共同事業として人が集まる機会と場所を提供する貸切専門パーティースペース「hacocoro（ハココロ）」を展開。また、社内組織として"tsukuruba design"を設置し、オフィス・飲食・住環境等、ジャンルにとらわれない空間デザイン・プロデュース事業を行っている。
http://tsukuruba.com

08　HAGISO

- 宮崎晃吉（みやざき みつよし）

1982年群馬県生まれ。2008年東京藝術大学大学院美術研究科建築設計修了。2008-2011年磯崎新アトリエ勤務。2013年より最小文化複合施設「HAGISO」、2015年よりまちをホテルに見立てた宿泊施設「hanare」を手がける。2016年より（株）HAGI STUDIO代表取締役。2015年より東京藝術大学美術学部建築科非常勤講師。

09　まちの保育園 小竹向原

- 宇賀亮介（うが りょうすけ）

1970年生まれ。1993年同志社大学卒業、1996年慶應義塾大学大学院修士課程修了。アール・アイ・エー、池田靖史建築計画事務所を経て2002年宇賀亮介建築設計事務所設立。2011年より（一財）都市防災研究所研究員兼任。

10　SHARE yaraicho

- 篠原聡子（しのはら さとこ）

1958年生まれ。日本女子大学大学院修了後、香山アトリエを経て、空間研究所主宰。日本女子大学家政学部住居学科教授。代表作に「ヌーヴェル赤羽台3,4号棟」「SHAREyaraicho」（2014年日本建築学会賞）等。著書に『住まいの境界を読む』『おひとりハウス』『多縁社会』等。

- 内村綾乃（うちむら あやの）

1967年生まれ。日本大学生産工学部卒業。空間研究所を経て、A studio主宰。日本大学非常勤講師。代表作に「A_residence+studio」「T_FLAT」「SHARE yaraicho」（2014年日本建築学会賞）等がある。

11　kumagusuku

- 家成俊勝（いえなり としかつ）

1974年生まれ。関西大学法学部法律学科卒業。大阪工業技術専門学校夜間部卒業。専門学校在学中より設計活動を開始。京都造形芸術大学空間演出デザイン学部特任准教授。大阪工業技術専門学校建築学科II部非常勤講師。

- 赤代武志（しゃくしろ たけし）

1974年生まれ。神戸芸術工科大学芸術工学部環境デザイン学科卒業。北村陸夫＋ズーム計画工房、宮本佳明建築設計事務所を経て設計活動を開始。大阪工業技術専門学校特任教員。神戸芸術工科大学芸術工学部環境デザイン学科非常勤講師。

- 土井亘（どい わたる）

1987年生まれ。慶応義塾大学政策・メディア研究科

修士課程修了。studio mumbai architectsを経てドットアーキテクツ参画。

- 寺田英史（てらだ ひでふみ）
  1990年生まれ。横浜国立大学大学院建築都市スクールY-GSA修士課程修了後、ドットアーキテクツ参画。

- 〈ドットアーキテクツ〉
  家成俊勝、赤代武志により2004年共同設立。大阪・北加賀屋を拠点に活動。「No.00」「馬木キャンプ」「美井戸神社」「kumagusuku」等、建築設計だけに留まらず、現場施工、アートプロジェクト、さまざまな企画にも関わる。

12　食堂付きアパート

- 仲俊治（なか としはる）
  1976年生まれ。2001年東京大学大学院工学系研究科建築学専攻修了。山本理顕設計工場を経て、仲建築設計スタジオを設立。「食堂付きアパート」「小商いの実験室」「上総喜望の郷おむかいさん」等、循環をキーワードにした建築を設計している。

13　ホシノタニ団地

- 大島芳彦（おおしま よしひこ）
  1970年東京都生まれ。大手組織設計事務所勤務を経て2000年ブルースタジオにて遊休不動産の再生流通活性化をテーマとした「リノベーション」事業を開始。その活動域は建築設計にとどまらず企画、コンサルティング、グラフィックデザイン、不動産仲介管理など多岐にわたる。

14　ヨコハマアパートメント

- 西田司（にしだ おさむ）
  1976年神奈川県生まれ。1999年横浜国立大学工学部建築学科卒業後、スピードスタジオ共同主宰。2004年オンデザイン設立。現在、東京理科大学、京都造形大学非常勤講師。

- 中川エリカ（なかがわ えりか）
  1983年生まれ。2007年東京藝術大学大学院修了。2007〜14年オンデザイン勤務。2014年中川エリカ建築設計事務所設立。現在、東京藝術大学、法政大学非常勤講師。代表作に「ヨコハマアパートメント」「ライゾマティクス新オフィス移転計画」「コーポラティブガーデン」等。

15　高島平の寄合所／居酒屋

- 山道拓人（さんどう たくと）
  1986年東京都生まれ。2011年東京工業大学大学院修士課程修了。2011年〜同大学大学院博士課程に在籍。2012年ELEMENTAL（チリ）に勤務。2012〜13年Tsukurubaチーフアーキテクツを経て、2013年ツバメアーキテクツ設立。現在、東京理科大学非常勤講師。

- 千葉元生（ちば もとお）
  1986年千葉県生まれ。2012年東京工業大学大学院修士課程修了。在学中2009〜10年スイス連邦工科大学に留学。2012〜14年慶應義塾大学テクニカルアシスタントを経て、2013年ツバメアーキテクツ設立。現在、東京理科大学非常勤講師。

- 西川日満里（さいかわ ひまり）
  1986年新潟県生まれ。2009年お茶の水女子大学生活科学部卒業。2010年早稲田芸術学校建築設計科修了。2012年横浜国立大学大学院建築都市スクールY-GSA卒業。2012〜13年小嶋一浩＋赤松佳珠子CAt勤務を経て、2013年ツバメアーキテクツ設立。

- 石榑督和（いしぐれ まさかず）
  1986年岐阜県生まれ。2011年明治大学大学院博士前期課程修了。2014年同大学大学院博士後期課程修了・博士（工学）。2014〜15年明治大学兼任講師。2015年より明治大学理工学部助教。2016年ツバメアーキテクツ参画。

16　The University DINING

- 工藤和美（くどう かずみ）
  1960年生まれ。1985年横浜国立大学卒業、東京大学大学院在学中の1986年シーラカンスを共同で設立、1998年シーラカンスK&Hに改組、現在代表取締役、東洋大学教授。

- 堀場弘（ほりば ひろし）
  1960年生まれ。1983年武蔵工業大学建築学科卒業、東京大学大学院在学中の1986年シーラカンスを共同で設立、1998年シーラカンスK&Hに改組、現在代表取締役、東京都市大学教授。

- 〈シーラカンスK&H〉
  代表作に「千葉市立打瀬小学校」「福岡市立博多小学校」「金沢海みらい図書館」「山鹿市立山鹿小学校」等。主な受賞に日本建築学会賞、JIA日本建築大賞、International Architecture Awards等。

17　武蔵野プレイス

- 川原田康子（かわはらだ やすこ）
  1964年山口県生まれ。広島・横浜・大分・東京と移り住む。1987年早稲田大学理工学部建築学科卒業、長谷川逸子・建築計画工房（株）、ｶﾜﾊﾗﾀﾞﾔｽｺ+KwhDアーキテクツを経て、2005年より（有）kwhgアーキテクツ代表取締役。一級建築士。

- 比嘉武彦（ひが たけひこ）
  1961年沖縄県生まれ。1986年京都大学工学部建築学科卒業、長谷川逸子・建築計画工房（株）他を経て、2005年より（有）kwhgアーキテクツ代表取締役。一級建築士。

18　LT城西

- 成瀬・猪熊建築設計事務所（前掲・02参照）

19　柏の葉オープンイノベーション・ラボ（31 VENTURES KOIL）

- 成瀬・猪熊建築設計事務所（前掲・02参照）

20　中央線高架下プロジェクト

- 古澤大輔（前掲・03参照）

- 黒川泰孝（前掲・03参照）

- 籾山真人（もみやま　まさと）
  1976年生まれ。2002年東京工業大学大学院修士課程終了。2002〜2009年アクセンチュア。2008年リライト設立。2010年建築・不動産部門（現リライト_D）分社化。現在リライト_GROUP代表。

21　えんぱーく

- 柳澤潤（やなぎさわ じゅん）
  1964年生まれ。1991年ベルラーヘインスティテュート留学。1992年東京工業大学大学院理工学研究科修了。伊東豊雄建築設計事務所を経て、2000年コンテンポラリーズ設立主宰。2016年より関東学院大学建築環境学部准教授。

22　アオーレ長岡

- 隈研吾（くま けんご）
  1954年生まれ。1979年東京大学建築学科大学院修了。1990年隈研吾建築都市設計事務所設立。2001〜2008年慶應義塾大学教授。2009年東京大学教授に就任、現在に至る。近作に「サントリー美術館」「根津美術館」「浅草文化観光センター」「歌舞伎座」「豊島区庁舎」等。

23　太田市美術館・図書館

- 平田晃久（ひらた あきひさ）
  1971年大阪府生まれ。1994年京都大学工学部建築学科卒業、1997年京都大学工学研究科修了、伊東豊雄建築設計事務所勤務。2005年平田晃久建築設計事務所設立。2015年より京都大学准教授。代表作に「桝屋本店」「sarugaku」「alp」「coil」「Bloomberg Pavilion」「Kotoriku」等。

24　せんだいメディアテーク

- 伊東豊雄（いとう とよお）
  1941年生まれ。1965年東京大学工学部建築学科卒業。菊竹清訓建築設計事務所を経て、1971年アーバンロボット設立。1979年伊東豊雄建築設計事務所に改称。代表作に「せんだいメディアテーク」「みんなの森 ぎふメディアコスモス」「台中国家歌劇院」等

25　タンガテーブル

- 吉里裕也（よしざと ひろや）
  1972年生まれ。東京都立大学工学研究科建築学専攻修了。東京R不動産、SPEACを共同で立ち上げるとともに、建築・不動産の開発・再生のプロデュースやデザイン、地域再生のプランニング等を行っている。「タンガテーブル」「経堂の家」等、リノベーション空間を多数手がける。東京都市大学非常勤講師。

- 〈株式会社SPEAC〉
空間と仕組みのデザインで、社会課題と事業課題を解決する会社を目指し2004年に設立。建築設計・不動産企画を中心に、イベント・飲食施設「下北沢ケージ」やワークスペース「印刷工場」のオペレーション、不動産仲介サイト「東京R不動産」の運営、建材のネットショップ「toolbox」の運営等、多岐に渡る事業を展開している。

26　アーツ前橋
- 水谷俊博（みずたに としひろ）
1970年神戸市生まれ。1997年京都大学大学院修士課程修了。佐藤総合計画を経て、2005年水谷俊博建築設計事務所設立。現在、武蔵野大学教授。代表作に「アーツ前橋」「武蔵野クリーンセンター」等。主な受賞にグッドデザイン賞（2014）、BELCA賞（2015）、日本建築士会連合会賞（2015）等。

- 水谷玲子（みずたに れいこ）
1976年神戸市生まれ。2002年京都大学大学院修士課程修了。大林組を経て、2009年より水谷俊博建築設計事務所。現在、武蔵野大学非常勤講師。代表作に「アーツ前橋」「石神井台の家」等。主な受賞に住まいの環境デザイン・アワード（2011）、JCDデザイン・アワード銀賞（2014）等。

27　Dragon Court Village
- 稲垣淳哉（いながき じゅんや）
1980年生まれ。2006年早稲田大学大学院修了後、建築学科助手（古谷誠章研究室）を経て、2009年Eureka共同主宰。

- 佐野哲史（さの さとし）
1980年生まれ。2006年早稲田大学大学院修了。隈研吾建築都市設計事務所を経て、2009年Eureka共同主宰。

- 永井拓生（ながい たくお）
1980生まれ。2008年早稲田大学大学院博士課程単位取得退学。2009年Eurekaパートナー、永井構造計画事務所設立。2011年より滋賀県立大学環境科学部環境建築デザイン学科助教。

- 堀英祐（ほり えいすけ）
1980年生まれ。2009年早稲田大学大学院博士課程単位取得退学。2009年Eurekaパートナー。2012年早稲田大学助教、2016年より近畿大学産業理工学部建築・デザイン学科特任講師。

- 〈Eureka〉
「Dragon Court Village」「Around the Corner Grain」など、計画・意匠・構造・環境それぞれの専門性を統合し、持続可能な地域社会のために建築設計を行なっている。

28　地域ケア よしかわ
- 金野千恵（こんの ちえ）
1981年神奈川県生まれ。2005年東京工業大学工学部建築学科卒業。同大学院在学中、スイス連邦工科大学奨学生。2011年東京工業大学院博士課程修了、博士（工学）。2011〜12年神戸芸術工科大学大学院助手、KONNO設立。2013年より日本工業大学助教。2015年一級建築士事務所teco共同主宰。

29　Share金沢
- 西川英治（にしかわ えいじ）
1952年生まれ。1975年神戸大学工学部建築学科卒業。1981年五井建築設計研究所入所（2015年五井建築研究所に改組）。現在、同代表取締役。代表作に「Share金沢」「金沢商工会議所会館」「石川県銭谷五兵衛記念館」等。

30　HELLO GARDEN
- 山形陽平（やまがた ようへい）
1989年生まれ。2012年千葉大学工学部建築学科卒業。AE5 Partnersを経て、現在は成瀬・猪熊建築設計事務所に勤務。2015年より(un) ARCHITECTSとしても活動する。代表作に「トンネル図書館」「Mikey Office」「HELLO GARDEN」（2016年グッドデザイン賞）等。

31　Good Job！Center KASHIBA
- 大西麻貴（おおにし まき）
1983年生まれ。2008年東京大学大学院修士課程修了。2008年より「大西麻貴＋百田有希/o+h」を共同主宰。代表作に「二重螺旋の家」「東松島こどものみんなの家」「Good Job! Center KASHIBA」等。

- 百田有希（ひゃくだ ゆうき）
1982年生まれ。2008年京都大学大学院修士課程修了。2008年より「大西麻貴＋百田有希/o+h」を共同主宰しながら、2014年まで伊東豊雄建築設計事務所に勤務。代表作に「二重螺旋の家」「Good Job! Center KASHIBA」等。

32　岩沼みんなの家
- 伊東豊雄（前掲・24参照）

33　高岡のゲストハウス
- 能作文徳（のうさく ふみのり）
1982年富山県生まれ。2005年東京工業大学建築学科卒業、2012年東京工業大学大学院建築学専攻博士課程修了。2010年能作文徳建築設計事務所設立。現在、東京工業大学大学院建築学系助教。

- 能作淳平（のうさく じゅんぺい）
1983年富山県生まれ。2006年武蔵工業大学（現・東京都市大学）卒業。2006〜2010年長谷川豪建築設計事務所勤務、2010年ノウサクジュンペイアーキテクツ設立。2016年東京大学、日本工業大学非常勤講師。

34　コクリエ
- 井坂幸恵（いさか さちえ）
1988年多摩美術大学建築学科卒業。1992年芝浦工業大学大学院修士課程修了、同研究員。1993年ラファエル・ヴィニオリ建築士事務所を経て、2002年bews/ビルディング・エンバイロメント・ワークショップ設立。1999〜2015年千葉大学、名古屋工業大学、東京理科大学工学部等、非常勤講師。代表作に「piodao」「コロナ電気新社屋工場Ⅰ期工事」等。

35　サトヤマヴィレッジ
- 大豆生田亘（おおまめうだ わたる）
1978年生まれ。2003年日本大学大学院修士課程修了。2004年都市デザインシステム、エス・コンセプトを経て、2011年よりコプラス。「サトヤマヴィレッジ」「春日原CV」「コノイエ目白台」「モリニアル都賀」等、コミュニティをプラスした発想の空間を多数手がける。

36　武雄市図書館
- カルチュア・コンビニエンス・クラブ
蔦屋書店や複合商業施設「T-SITE」を運営するほか、武雄市図書館、海老名市立中央図書館、多賀城市立図書館などを指定管理者として企画・運営している。

- 宮原新（みやはら あらた）
1980年東京藝術大学建築学科卒業。松田平田坂本設計事務所を経て、スタジオアキリを設立。「東京国際空港ターミナルビル」「茨城県庁舎」等を手がける。

- 株式会社佐藤総合計画
建築とそれに関わる都市や環境のデザインを主な業務とする総合設計事務所。武雄市図書館の設計及び今回の改修設計を行う。

37　鋸南町都市交流施設・道の駅保田小学校
- 渡辺真理（わたなべ まこと）
1950年群馬県生まれ。1976年京都大学大学院修士課程修了、1979年ハーバード大学デザイン学部大学院修了。1981年〜磯崎新アトリエ勤務、1987年木下庸子と共に設計組織ADH設立、1996年より法政大学教授。

- 木下庸子（きのした ようこ）
1956年東京都生まれ。1977年スタンフォード大学卒業、1980年ハーバード大学デザイン学部大学院修了。1981〜1984年内井昭蔵建築設計事務所勤務、1987年設計組織ADH設立、2005〜2007年UR都市機構都市デザインチームチームリーダー、2007年より工学院大学教授。

- 古谷誠章（ふるや のぶあき）
1955年東京都生まれ。早稲田大学理工学部建築学科卒業、同大学院博士後期課程修了。早稲田大学助手、近畿大学工学部講師を経て、1994年早稲田大学助教授、八木佐千子とNASCA共同設立、同代表取締役。1997年より早稲田大学教授。

- 八木佐千子（やぎ さちこ）
1963年東京都生まれ。1986年早稲田大学理工学部建築学科卒業、1988年同大学大学院修士課程修了。

1988〜93年團・青島建築設計事務所勤務、1994年古谷誠章とNASCA共同設立、同代表取締役。

- 篠原聡子（前掲・10参照）

- 北山恒（きたやま こう）
1950年生まれ。1978年ワークショップ設立（共同主宰）。1980年横浜国立大学大学院修士課程修了。1995年architecture WORKSHOP設立主宰。2001年横浜国立大学教授、2007年同大学院Y-GSA教授。2016年より法政大学教授。

38　馬木キャンプ
- ドットアーキテクツ（前掲・11参照）

39　古志古民家塾
- 江角俊則（えすみ としのり）
1959年生まれ。(有)江角建築事務所を経て、2007年一級建築士事務所江角アトリエを設立。1999年より米子工業高等専門学校非常勤講師。JIA中国建築大賞（住宅部門）大賞受賞（2010）、「神門通りおもてなしステーション」でグッドデザイン賞（2013）受賞。

40　隠岐國学習センター
- 西田司（前掲・14参照）

- 萬玉直子（まんぎょく なおこ）
1985年大阪府生まれ。2007年武庫川女子大学生活環境学科生活環境学科卒業。2010年神奈川大学大学院を修了後、オンデザイン勤務。2016年よりチーフ。

- 後藤典子（ごとう のりこ）
1971年愛知県生まれ。1995年信州大学人文学部卒業。2002年早稲田大学芸術学校建築設計科卒業。2002〜2005年カガミ建築計画勤務、2006〜2015年オンデザイン勤務を経て、2015年ハクアーキテクツスタジオ設立。

41　多古新町ハウス
- 塚本由晴（つかもと よしはる）
1965年神奈川県生まれ。1987年東京工業大学工学部建築学科卒業、1987〜88年パリ・ベルビル建築大学、1992年アトリエ・ワン共同設立、1994年東京工業大学大学院博士課程修了。現在、東京工業大学大学院教授。ハーバードGSD、UCLA、デンマーク芸術アカデミー、コーネル大学、ライス大学、デルフト工科大学他で客員教授を歴任。

- 貝島桃代（かいじま ももよ）
1969年東京都生まれ。1991年日本女子大学家政学部住居学科卒業、1992年塚本由晴とアトリエ・ワン共同設立、1994年東京工業大学大学院修士課程修了、1996〜97年ETHZ奨学生、2000年東京工業大学大学院博士課程満期退学、2005〜07年ETHZ客員教授。現在、筑波大学准教授。ETHZ、ハーバードGSD、デンマーク芸術アカデミー、ライス大学、デルフト工科大学で客員教授を歴任。

- 玉井洋一（たまい よういち）
1977年愛知県生まれ。2002年東京工業大学工学部建築学科卒業、2004年同大学大学院修士課程修了、2004年よりアトリエ・ワン、2015年よりアトリエ・ワンパートナー。

42　りくカフェ
成瀬・猪熊建築設計事務所（前掲・02参照）

43　島キッチン
- 安部良（あべ りょう）
1966年広島県生まれ。1992年早稲田大学大学院理工学研究所修士修了。1995年安部良アトリエ一級建築士事務所設立。「島キッチン」「あわくら温泉元湯」「福屋 八丁堀SORALA」はじめ、「十津川村 高森のいえ」「豊島 神愛館」等、地域活性化に関わるプロジェクトを多数進行中。

44　えんがわオフィス
- 伊藤暁（いとう さとる）
1976年東京都生まれ。2002年横浜国立大学大学院修了。aat+ヨコミゾマコト建築設計事務所を経て、2007年伊藤暁建築設計事務所設立。東洋大学、日本大学、東京都市大学、明治大学非常勤講師。神山町のプロジェクトにはBUSとして参画。

- 須磨一清（すま いっせい）
1976年東京都生まれ。1999年慶應大学環境情報学部卒業。2002年コロンビア大学建築修士学科卒業。ニューヨークの設計事務所、ROCKWELL GROUP、VOORSANGER ARCHITECTS事務所を経て、2011年SUMA設立。神山町のプロジェクトにはBUSとして参画。

- 坂東幸輔（ばんどう こうすけ）
1979年徳島県生まれ。2002年東京藝術大学美術学部建築科卒業。2008年ハーバード大学大学院デザインスクール修了。スキーマ建築計画、東京藝術大学美術学部建築科教育研究助手を経て、2010年坂東幸輔建築設計事務所設立。京都市立芸術大学講師、京都工芸繊維大学非常勤講師。神山町のプロジェクトにはBUSとして参画。

- 〈BUS（バス）〉
伊藤暁、須磨一清、坂東幸輔による設計集団。メンバーは各自の事務所を持ちながら、神山町での仕事にはこのチームで取り組んでいる。設計のみならず、ワークショップの企画運営など、多角的に町との関わりを持って活動している。代表作に「えんがわオフィス」「WEEK神山」等。

45　KASHIMA SURF VILLA
- 千葉学（ちば まなぶ）
1960年生まれ。1987年東京大学大学院修士課程修了。2001年千葉学建築計画事務所設立。2013年より東京大学大学院教授。代表作に「日本盲導犬総合センター」「大多喜町役場」「工学院大学125周年記念総合教育棟」。著書に『rule of site-そこにしかない形式』『人の集まり方をデザインする』等。

46　もやいの家瑞穂
- 平野勝雅（ひらの かつまさ）
1975年岐阜県生まれ。1999年名古屋工業大学卒業。2000年より大建met。

- 布村葉子（ぬのむら ようこ）
1976年岐阜県生まれ。1999年名古屋工業大学卒業。1999年〜みかんぐみ勤務、2002年より大建met。

47　波板地域交流センター
- 〈雄勝スタジオ〉
東北大学、東京藝術大学、日本大学を中心とした復興支援グループ。

- 〈日本大学〉
担当メンバー：富樫由美・藤本陽介・朝倉亮・蔵藤勲

- 佐藤光彦（さとう みつひこ）
1962生まれ。1986年日本大学理工学部建築学科卒業、伊東豊雄建築設計事務所を経て、1993年佐藤光彦建築設計事務所設立。2007年より日本大学理工学部准教授、2012年より同教授。代表作に「熊本駅西口駅前広場」「コマツナギテラス」「西所沢の住宅」「仙川の住宅」等。

48　マイパブリック屋台
- ツバメアーキテクツ（前掲・15参照）

49　ホワイトリムジン屋台
- アトリエ・ワン（前掲・41参照）

- 筑波大学貝島研究室
後藤洋佑・御前光司・平井政俊・劉存泉

あとがき

　始まりは2015年4月、学芸出版社の井口夏実さんからの「シェア空間の設計や設計手法を示した本を一緒につくれないか」、という1通のメールだった。新しい場づくりに対して、企画や運営といったソフトへの注目は高まる一方、ハードへの期待はどうだろう。設計の果たす役割を表明するには絶好の機会ではないか、という想いもあり、迷わず快諾の返事をした。

　公共施設に行って、どうしようもなく居心地の悪いカフェでいたたまれない気持ちになった、という経験があるのは私だけではないだろう。プログラムの組み合わせは悪くないのに、設計が悪い、という典型的な例だ。あるいは、大学の設計課題で、パブリックな場に対して自由にプログラム提案を求めると、カフェ、ギャラリー、図書館などが同じ建築の中に配置されているものの、それは配置に過ぎず、それぞれの場がどうつながるべきなのか、補完し合うべきなのかという検討までできている学生は滅多にいない。そもそもプログラムの種類も貧困だ。先行事例をもっと知ることができたら、状況は変わらないだろうか。本書はそんな時に最適だ。様々なプログラム、事業スキーム、それを支える優れた設計を同時に見ることができる。そういう意味で、建築を学ぶ学生、設計者の方、そして事業者の方に是非活用していただきたいと思っている。

　事例を通してみると、どの事例も複数の用途が複合し、多くの場合スペースの重ね使いが発生している。時間や使い方によって場の雰囲気がダイナミックに変化していく様子が想像できる。また、屋台はもちろんのこと、縁側、外キッチン、土間、畑などを介して、屋外空間に活動が展開する事例も多く見られる。ここに集めた事例は、どれも着飾って出かける場所というよりは、普段着で入りやすく、活動が変化に富み、そのときの気分によって過ごし方が選べるような、何度も通いたくなる日常の延長にある。そこで展開する日常を少しバージョンアップするような取り組みが、個人と個人をつなぎ、地域を活き活きとさせるのだと思う。

　事例の大多数が2010年以降にできた場だった。これらの取り組みが描く未来にどれくらいの強度があるのか、現時点ではわからない。5年後、10年後にこれらの場所がどうなっていくのか、見続けることで明らかになるだろう。多くのトライアルの先に、よりよい未来が待っていると信じている。

私自身、一設計者として、これまでのプロジェクトを思い返すと、FabCafe Tokyo（2012年・第1期、2015年・第2期）と柏の葉オープンイノベーション・ラボ（31 VENTURES KOIL）（2014年）での経験は大きい。デジタルものづくりカフェやイノベーションセンターの先行事例がないなか、運営方法も柔らかい状態から議論に加わり、必要な機能や各用途の面積、即ち設計条件すら一緒に決めて行った。打ち合わせの準備は毎回必死で、思うように進まない時もあった。当時に比べれば、現在はプロジェクトに関わる人たちの意見やイメージを聞き出し、デザインに結びつけて行くプロセスをだいぶ整理できるようになった。プロジェクトの規模によっては、模型や設計図による打ち合わせの前に、目標を見極め、条件整理をする期間を1〜2ヶ月取ることもある。議論を見えやすくするための簡単なツールをオリジナルでつくることすらある。遠回りに見えるが、いざ設計を始めるとスケジュール通りに進むのは、関係者のあいだで目指すべきところが共有されていることで、大胆な提案も冷静に受け止めて判断することができるからだと思う。クライアントに迎合するのでもなく、設計者が勝手に走るのでもなく、その間で一番よい答えにたどり着く方法を常に模索している。

　本の制作にあたり、設計者のみなさんには、通常のお仕事で大変お忙しいなか、私たちの無理なお願いに快く応じていただき、本当に感謝しています。みなさんのご協力なしにはつくり得なかった書籍です。

　図面の他に3本のインタビューを収録しています。快くインタビューに応じてくださった松本理寿輝さん、籾山真人さん、森下静香さんにも、心より感謝いたします。そして、事例選定に始まり、何度も議論を重ねながら一緒に本をつくり上げてくれた、ツバメアーキテクツの山道君、千葉君、石榑君、西川さん、野村不動産の藤田君、山野辺君、中里さん、弊社スタッフの岡君、そして学芸出版社の井口夏実さんに、心から感謝しています。

　本当にありがとうございました。

2016年11月
成瀬友梨

責任編集者

猪熊純（いのくま じゅん）／首都大学東京 助教、成瀬・猪熊建築設計事務所
1977年生まれ。2004年東京大学大学院修士課程修了。千葉学建築計画事務所を経て、2007年成瀬・猪熊建築設計事務所共同設立。2008年より首都大学東京助教。編著書に『シェアをデザインする』等。

成瀬友梨（なるせ ゆり）／東京大学大学院 助教、成瀬・猪熊建築設計事務所
1979年生まれ。2007年東京大学大学院博士課程単位取得退学。同年成瀬・猪熊建築設計事務所共同設立。2010年より東京大学大学院助教。編著書に『シェアをデザインする』等。

編者

山道拓人（さんどう たくと）／ツバメアーキテクツ
1986年東京都生まれ。2011年東京工業大学大学院修士課程修了。2011年〜同大学大学院博士課程に在籍。2012年ELEMENTAL（チリ）に勤務。2012〜13年Tsukurubaチーフアーキテクトを経て、2013年ツバメアーキテクツ設立。現在、東京理科大学非常勤講師。

千葉元生（ちば もとお）／ツバメアーキテクツ
1986年千葉県生まれ。2012年東京工業大学大学院修士課程修了。在学中2009〜10年スイス連邦工科大学に留学。2012〜14年慶應義塾大学テクニカルアシスタントを経て、2013年ツバメアーキテクツ設立。現在、東京理科大学非常勤講師。

西川日満里（さいかわ ひまり）／ツバメアーキテクツ
1986年新潟県生まれ。2009年お茶の水女子大学生活科学部卒業。2010年早稲田芸術学校建築設計科修了。2012年横浜国立大学大学院建築都市スクールY-GSA卒業。2012〜13年小嶋一浩＋赤松佳珠子CAt勤務を経て、2013年ツバメアーキテクツ設立。

石榑督和（いしぐれ まさかず）／ツバメアーキテクツ
1986年岐阜県生まれ。2011年明治大学大学院博士前期課程修了。2014年同大学大学院博士後期課程修了・博士（工学）。2014〜15年明治大学兼任講師。2015年より明治大学理工学部助教。2016年ツバメアーキテクツ参画。

藤田大樹（ふじた だいき）／野村不動産株式会社
1989年生まれ。2011年滋賀県立大学学士課程修了。2015年東京大学大学院修士課程修了、野村不動産株式会社に入社。現在は都市開発事業本部建築部に所属。

山野辺賢治（やまのべ けんじ）／野村不動産株式会社
1990年生まれ。2015年東北大学大学院修士課程修了、野村不動産株式会社に入社。現在は住宅事業本部事業推進二部に所属。

中里和佳（なかさと わか）／野村不動産株式会社
1991年生まれ。2015年芝浦工業大学学士課程修了、野村不動産株式会社に入社。現在は住宅事業本部戸建事業部に所属。

編集協力

岡佑亮／成瀬・猪熊建築設計事務所

シェア空間の設計手法

2016年12月25日　初版第1刷発行
2019年 9月 1日　初版第3刷発行

責任編集　猪熊純・成瀬友梨
発行者　　前田裕資
発行所　　株式会社 学芸出版社
　　　　　京都市下京区木津屋橋通西洞院東入
　　　　　電話 075-343-0811　〒600-8216

装　丁　UMA/design farm
印　刷　サンエムカラー
製　本　藤原製本

©Jun Inokuma, Yuri Naruse 2016
Printed in Japan
ISBN 978-4-7615-2631-3

JCOPY　〈(社)出版者著作権管理機構委託出版物〉

本書の無断複写（電子化を含む）は著作権法上での例外を除き禁じられています。複写される場合は、そのつど事前に(社)出版者著作権管理機構（電話 03-5244-5088、FAX 03-5244-5089、e-mail:info@jcopy.or.jp）の許諾を得て下さい。

本書を代行業者等の第三者に依頼してスキャンやデジタル化することは、たとえ個人や家庭内での利用でも著作権法違反です。